Escritura
para el Examen GED® 2

Comprensión de la lectura

New Readers Press®
ProLiteracy's publishing division

Escritura para el examen GED®
Comprensión de la lectura
ISBN 978-1-56420-197-3

Copyright © 2017 New Readers Press
New Readers Press
ProLiteracy's Publishing Division
101 Wyoming Street, Syracuse, New York 13204
www.newreaderspress.com

All rights reserved. No part of this book may be reproduced or transmitted in any form
or by any means, electronic or mechanical, including photocopying, recording, or by any
information storage and retrieval system, without permission in writing from the publisher.

Printed in the United States of America
10 9 8 7 6 5 4

Proceeds from the sale of New Readers Press materials support professional
development, training, and technical assistance programs of ProLiteracy
that benefit local literacy programs in the U.S. and around the globe.

Developer: The Quarasan Group, Inc.
Editorial Director: Terrie Lipke
Technology Specialist: Maryellen Casey
Designer: Carolyn Wallace
Spanish Translation: Futuro Sólido USA, LLC
Spanish Review: Tri-Lin Integrated Services, Inc.

GED® is a registered trademark of the American Council on Education (ACE)
and administered exclusively by GED Testing Service LLC under license.
This material is not endorsed or approved by ACE or GED Testing Service.

Índice

Aviso para el estudiante

Escritura para el examen GED® le ayudará a fortalecer las destrezas lingüísticas y de escritura que necesita para el examen. Este libro de ejercicio cubre las destrezas lingüísticas y de comprensión de la lectura que usará para responder preguntas sobre los pasajes. El libro tiene dos secciones:

- Textos informativos
- Textos de ficción

Desarrollar estas importantes destrezas le ayudará a responder preguntas en el examen de razonamiento a través de la lengua y la literatura. Estas preguntas podrán pedirle que analice un pasaje y luego identifique la idea principal o coloque los acontecimientos en orden.

Siga estos cuatro pasos para completar este libro y prepararse para escribir para el examen GED.

PASO 1: REPASO DE HABILIDADES

Cada lección comienza con una breve descripción de la habilidad y algunos ejemplos. Es posible que también haya un diagrama o un organizador gráfico para ayudarle a visualizar las ideas. Lea atentamente los ejemplos para saber qué puede esperar en el examen.

> **¡ATENCIÓN!**
>
> *Algunas lecciones vienen con consejos que le ayudarán a identificar o responder preguntas sobre una habilidad o concepto. Esté atento a estos consejos. Recuerde repasarlos también cuando practique la redacción de respuestas extensas.*

PASO 2: PRÁCTICA GUIADA

Esta sección le da la oportunidad de practicar la destreza en un contexto. Leerá un pasaje y luego responderá algunas preguntas. Las preguntas en la columna "Estrategias" lo guiarán a comprender el contenido del pasaje y a usar la habilidad que acaba de repasar.

Luego, puede completar un diagrama como ayuda para organizar los hechos o detalles del pasaje. Al usar estos organizadores gráficos, podrá entender la lectura y responder diversos tipos de preguntas. Además, le ayudarán a ordenar sus ideas cuando responda a los temas para redactar con una respuesta extensa.

PASO 3: EJERCICIOS PARA EL EXAMEN GED

Practique el uso de la destreza para responder preguntas que son similares a las del examen GED.

PASO 4: PRÁCTICA ACUMULATIVA

Al final de cada sección, tendrá la posibilidad de practicar y responder preguntas usando todas las destrezas que aprendió. Verifique las respuestas para ver si está preparado para el examen GED.

LECTURA DE TEXTOS INFORMATIVOS

En el examen GED®, se le pedirá que lea y responda preguntas acerca de **textos informativos**. Se trata de textos seleccionados que proporcionan hechos y otros tipos de información sobre personas, lugares, cosas y acontecimientos reales. El objetivo principal de los textos informativos es informar o explicar. Los libros de texto, los artículos de una enciclopedia, los artículos periodísticos, una anotación en un diario y los manuales de instrucciones son todos tipos de textos informativos. Si bien podría leer textos informativos para obtener hechos sobre una materia o averiguar cómo hacer algo, quizá también lea textos informativos simplemente porque le resultan interesantes. Por ejemplo, es posible que una **biografía** (la historia de vida de una persona) o una **autobiografía** (los recuerdos de una persona) esté escrita como un cuento o una novela y sea igualmente entretenida. A diferencia de los textos de ficción, los textos informativos están basados en hechos.

En esta sección, aprenderá acerca de las partes principales de los textos informativos y las estructuras o patrones textuales más comunes que se usan para organizar los hechos y otros detalles dentro de dichos textos. Asimismo, aprenderá diferentes clases de habilidades de razonamiento que le ayudarán a responder preguntas sobre los textos informativos.

A medida que trabaje en esta sección, aprenderá a:
- hacer inferencias y sacar conclusiones;
- identificar las ideas principales y los detalles de apoyo;
- comprender la secuencia en la que se organizan los acontecimientos;
- buscar similitudes y diferencias en los textos;
- analizar las relaciones causa-efecto;
- diferenciar entre el significado denotativo y connotativo de las palabras.

Para el examen de Razonamiento a través de las Artes del Lenguaje de GED, se le pedirá que lea y responda preguntas sobre textos informativos acerca de temas relacionados con el trabajo, los estudios sociales y las ciencias. Esta sección le ayudará a leer dichos textos para lograr una mayor comprensión y responder las preguntas relacionadas con más confianza.

Inferencias y conclusiones

REPASO DE HABILIDADES

Para responder algunas de las preguntas del examen GED, lo único que debe hacer es buscar los detalles correctos en el pasaje. Las respuestas están ahí, directamente expresadas. Otro tipo de preguntas requieren más razonamiento. Para responderlas, debe averiguar qué insinúan o sugieren los detalles del pasaje, en vez de lo que manifiestan explícitamente. Esta lección explica cómo buscar las respuestas para ese tipo de preguntas.

Ideas explícitas e implícitas

Algunos textos, como el horario del autobús o una receta, son claros y directos. Dicen exactamente lo que significan y no tienen otro significado oculto. Otros textos no son tan sencillos. Expresan directamente algunas ideas, pero **implican,** o sugieren, otras. Lea el siguiente párrafo. Describe la situación, pero no manifiesta exactamente qué sucedió. ¿Puede adivinar lo que le sucedió a Antonio?

> Hoy, al igual que lo hizo las últimas dos semanas, Antonio espera esa llamada telefónica tan importante. Repasa la entrevista laboral una y otra vez en su cabeza. La entrevista en Flores Marketing fue buena. Por supuesto que algunas preguntas fueron difíciles, pero al gerente definitivamente le cayó bien. Antonio se podía dar cuenta de ello. Su esposa interrumpe sus pensamientos. "Cariño, este sobre acaba de llegarte por correo". Se lo entrega. El remitente es Flores Marketing. Le tiembla la mano al sacar la carta del sobre, la abre y comienza a leerla. Un minuto después, arruga la carta, la arroja al suelo y frunce el ceño.

Hacer inferencias

El pasaje anterior no dice explícitamente que Antonio no obtuvo el empleo. Sin embargo, probablemente usted lo dedujo. Para ello, debió hacer una **inferencia,** o una "estimación lógica". Hacer inferencias se parece un poco al trabajo de un detective. Usted recopila claves o detalles importantes. Se fija qué tienen en común las claves, si es que lo hay. Luego, usa sus propias experiencias de vida y el sentido común para averiguar qué significan las claves.

Claves	Experiencia	Inferencia
• Flores Marketing le envió a Antonio una carta. • Arruga la carta y la arroja al suelo. • Frunce el ceño.	• En general, las ofertas de trabajo se hacen por teléfono. • Las personas pueden arrugar cartas que tienen malas noticias. • Las personas fruncen el ceño cuando no están contentas.	Antonio no consiguió el empleo en Flores Marketing.

Sacar conclusiones

Usando el mismo proceso, puede **sacar conclusiones,** o hacer inferencias más generales, acerca de textos más largos. Una inferencia por lo general es acerca de una oración o grupo de oraciones; en tanto que una conclusión se saca sobre un texto completo o una gran parte de él.

Los siguientes párrafos continúan el pasaje sobre Antonio. Léalos e intente sacar una conclusión sobre el propósito del autor o la razón por la cual escribió sobre Antonio. Los detalles importantes aparecen subrayados. Use estas claves al sacar su conclusión.

> Antonio cometió un <u>error común</u>. Pensó que en la entrevista le había ido mejor de lo que realmente le fue. <u>Como no se preparó para la entrevista</u>, <u>no supo cómo responder algunas preguntas clave</u>. Por ejemplo, no dio una buena respuesta a la pregunta clave: "<u>¿Por qué quiere trabajar en Flores Marketing</u>? ¿Qué es lo que le interesa de nuestra empresa?". Antonio respondió: "Necesito un empleo y Flores está cerca de mi apartamento".
>
> El <u>gerente estaba intentando averiguar cuánto sabía Antonio de la compañía</u> y por qué pensaba que podría hacer un buen trabajo en Flores. <u>Antonio no estaba preparado</u> para responder esas preguntas. Antes de la entrevista, <u>debería haber visitado el sitio web de la compañía</u>, leído su historia y <u>aprendido qué hace y quiénes son sus clientes</u>. Eso le hubiera ayudado a <u>explicar por qué quería trabajar en mercadotecnia en general y por qué deseaba trabajar en mercadotecnia en Flores</u> Marketing en particular.

¿Por qué el autor escribió sobre Antonio? El propósito del autor es informar a las personas que están buscando empleo sobre lo que deben hacer para ser contratados. Al escribir sobre los errores cometidos por Antonio, el autor les muestra a los lectores lo que *no* deben hacer para indicarles lo que *sí deben* hacer.

 **¡ATENCIÓN!** *Asegúrese de basar sus inferencias y conclusiones en los detalles del texto. No permita que sus propias opiniones sobre una materia le impidan ver lo que el texto realmente dice o sugiere. Siempre esté preparado para fundamentar sus ideas con palabras, frases u oraciones específicas del pasaje.*

Repaso final

Antes de continuar, lea el siguiente diagrama donde se repasa el proceso que puede usar para hacer inferencias y sacar conclusiones.

| **1. Reúna las claves.** Busque los detalles (palabras, frases y oraciones) que podrían ayudarle a responder una pregunta específica. | | **2. Use su propia experiencia.** Fíjese qué tienen en común las claves. Use sus experiencias y el sentido común para averiguar qué podrían significar las claves. | | **3. Haga inferencias o saque conclusiones.** Haga una inferencia o saque una conclusión. Decida qué significan las claves y por qué. |

PRÁCTICA GUIADA

Lea el siguiente pasaje en su totalidad. Luego, lea y responda las preguntas en la columna de estrategias.

ESTRATEGIAS

1. ¿Qué piensa el autor? (Marque ✓ una opción).

   ☐ Todos los animales se parecen.
   ☐ Algunos animales son especiales.

   ¿Qué detalles se lo indican? Subráyelos.

2. ¿Qué detalles en este párrafo sugieren que los cuervos son inteligentes? Subráyelos.

3. ¿Qué sienten los otros cuervos acerca de Silverspot? (Marque ✓ una opción).

   ☐ Están molestos con él.
   ☐ Confían en él.

   ¿Qué detalles se lo indican? Subráyelos.

Fragmento de
"Silverspot: la historia de un cuervo"
por Ernest Thompson Seton

1   ¿Cuántos de nosotros hemos conocido a un animal salvaje? No me refiero meramente a verlo una o dos veces, o a tenerlo en una jaula, sino a conocerlo realmente durante un largo tiempo mientras está en estado salvaje y conocer profundamente su vida y su historia. El problema generalmente es distinguir una criatura del resto de su especie. Un zorro o un cuervo se parecen tanto a los demás que no podemos estar seguros de que realmente sea el mismo la próxima vez que lo veamos. Pero, de vez en cuando, aparece un animal que es más fuerte o más astuto que el resto, que se transforma en un gran líder, que es, como diríamos, un genio... y que tiene algún tipo de marca que permite que los hombres lo reconozcan. Silverspot era de esta clase... Ahora les contaré brevemente su historia, en la medida en que la pude conocer.

2   Silverspot era simplemente un cuervo viejo y astuto; su nombre se debía a una mancha blanca platinada parecida a una moneda de cinco centavos, justo en su lado derecho, entre el ojo y el pico, y fue gracias a esta mancha que pude distinguirlo del resto de los cuervos... El viejo Silverspot era el líder de una gran bandada de cuervos... Poco a poco, me di cuenta del hecho de que los cuervos son una raza de aves con un lenguaje y un sistema social que resultan maravillosamente humanos...

3   Un día ventoso, me encontraba parado en el puente alto sobre el barranco, cuando el viejo cuervo, encabezando su larga y desordenada tropa, descendió en dirección a su hogar. A media milla de distancia, podía escuchar cómo exclamaba satisfecho *"Todo está bien. ¡Vengan conmigo!"*... como [Silverspot] decía... Estaban volando muy bajo para evitar el viento y debían elevarse un poco para pasar el puente sobre el que me hallaba. Silverspot me vio parado allí y, como lo estaba mirando fijamente, no le resulté agradable. Revisó su plan de vuelo, le advirtió a la tropa *"¡En guardia!"* y se elevó más alto en el aire. Luego, al ver que yo no estaba armado, voló por sobre mi cabeza a unos veinte pies, y sus seguidores hicieron lo mismo, descendiendo de nuevo al nivel anterior cuando pasaron el puente.

4 Al día siguiente, me encontraba en el mismo lugar y, cuando los cuervos se acercaron, levante mi bastón y apunte con él hacia ellos. El viejo cuervo gritó de golpe *"¡Peligro!"* y se elevó cincuenta pies más alto que antes. Como vio que no era un arma, se aventuró y pasó volando por encima. Pero al tercer día, llevé un arma y de repente gritó: *"¡Peligro! ¡Un arma!"*. Su teniente repitió el grito y cada uno de los cuervos de la tropa comenzó a elevarse y apartarse del resto, hasta que estuvieron muy lejos del disparo, y de esa manera pasaron con seguridad... Otro día,... un halcón de cola roja se posó en un árbol cercano a la ruta prevista. El líder advirtió: *"¡Halcón, halcón!"* y mantuvo su vuelo, al igual que cada cuervo a su alrededor, hasta que formaron una gran masa sólida. Entonces, pasaron, ya sin temerle al halcón. Pero un cuarto de milla más adelante, apareció un hombre con un arma y el grito *"¡Peligro! ¡Un arma! ¡Huyan por sus vidas!"* en seguida los hizo dispersarse ampliamente y ascender muy lejos, fuera del alcance del arma.

❖ ❖ ❖

4. ¿Cómo es Silverspot? (Marque ✓ una opción).

☐ cuidadoso y cauteloso
☐ osado y temerario

¿Qué detalles se lo indican? Subráyelos.

 PRÁCTICA PARA EL EXAMEN GED De la siguiente lista de palabras, elija las tres que mejor describan a Silverspot como se presenta en este pasaje. Escríbalas en las casillas pequeñas. Luego, use esas claves para sacar una conclusión. En la casilla del medio, describa la opinión general del autor sobre Silverspot.

- molesto
- inteligente
- fascinante
- sucio
- ruidoso
- extraordinario

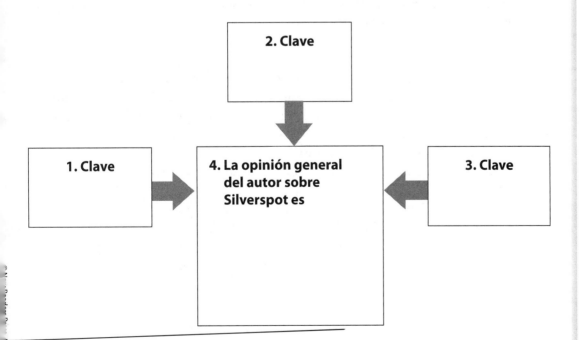

Las respuestas y explicaciones comienzan en la página 74.

PRÁCTICA Lea el pasaje. Luego responda a las siguientes preguntas.

Fragmento de
"A través de las llanuras en 1844"
por Catherine Sager Pringle

1   Decidimos salir hacia Oregon... y en abril de 1844, emprendimos nuestro camino a través de las llanuras. Los niños disfrutamos muchísimo los primeros campamentos. Éramos cinco niñas y dos niños, desde la bebé que nacería en el camino hasta el niño más grande, con edad apenas suficiente para prestar algo de ayuda...

2   El 1.º de agosto pasamos el mediodía en una hermosa arboleda al norte del río Platte. Para entonces, ya nos habíamos acostumbrado a subir y bajar de la carreta en movimiento. Al realizar esta maniobra esa tarde, mi vestido quedó atrapado en el mango del eje y fui arrojada debajo de la rueda de la carreta. La rueda me pasó por encima y me aplastó fuertemente la pierna antes de que mi padre pudiera detener a la yunta de bueyes. Me levantó y se dio cuenta de la gravedad de la herida cuando la pierna me quedó colgando en el aire.

3   Con voz quebrada exclamó: "¡Mi pequeña, tienes la pierna quebrada en pedazos!". La noticia pronto se difundió en toda la caravana y decidieron detenerse. Encontraron un médico que me atendió la pierna; luego continuamos esa misma noche hasta Laramie, donde llegamos poco después de caída la noche. Este accidente me obligó a ir en la carreta por el resto del largo trayecto.

4   Después de Laramie, llegamos al gran desierto estadounidense, que fue muy duro para los bueyes. Las enfermedades eran algo común. ... Algunos de los hombres enfermos debían dejar el reposo para meter las carretas en los arroyos y dirigir con seguridad a los bueyes a través de ellos. Un día, cuatro búfalos corrieron detrás de nuestra carreta y de la que venía atrás. A pesar de que estaba muy debilitado, mi padre agarró su arma y los persiguió. Este acto imprudente lo obligó a postrarse de nuevo y muy pronto resultó evidente que sus días estaban contados. Estaba plenamente consciente del hecho, pero no podía reconciliarse con la idea de dejar a su gran e indefensa familia en circunstancias tan precarias. La noche antes de su fallecimiento, cruzamos el río Green y acampamos a sus orillas. Mirando hacia donde yo yacía indefensa, exclamó: "¡Pobre niña! ¿Qué será de ti?" ... A mi padre lo enterraron al día siguiente a orillas del río Green...

© New Readers Press. All rights reserved

5 Mi madre pensaba llegar a la casa de los Whitman y pasar allí el invierno, pero se estaba deteriorando rápidamente por su melancolía. Las noches y las mañanas eran muy frías, y se resfrió por la exposición inevitable al frío. Con tifus y llagas en la boca, luchó valientemente contra el destino por el bien de sus hijos, pero cayó delirante en cama poco después de llegar a Fort Bridger. Sufrió intensamente viajando en ese estado por un camino envuelto en nubes de polvo. ... Las otras mujeres de la caravana cuidaron del bebé. Esas bondadosas mujeres también venían por la noche y limpiaban el rostro de mi madre quitándole el polvo y haciéndola sentir un poco más cómoda. El día que murió, estábamos atravesando un duro camino y ella se quejaba temerosamente todo el tiempo. En la noche, una de las mujeres vino como de costumbre, pero no respondió a ninguna de las preguntas por lo que pensó que estaba dormida. Le lavó la cara, le tomó la mano y descubrió que estaba casi perdiendo el pulso. Vivió apenas unos momentos más y sus últimas palabras fueron: "¡Oh, Henry! Si tan solo supieras cuánto hemos sufrido".

6 Tallaron su nombre en tabla y eso fue todo lo que se pudo hacer. Fue así que en veintiséis días nos quedamos huérfanos.

PRÁCTICA PARA EL EXAMEN GED Encierre en un círculo la letra de la opción que responde correctamente cada pregunta.

1. ¿Qué puede inferir el lector acerca de la autora?

   A. No le gustaba acampar a la intemperie.
   B. Hizo la mayor parte del trayecto a pie.
   C. Era muy pequeña cuando atravesó las llanuras.
   D. Le avergonzaba que su padre fuera tan cauteloso.

2. ¿Qué inferencia puede hacer el lector acerca de la madre?

   A. Murió dando a luz.
   B. Temía que sus hijos quedaran huérfanos.
   C. Le atemorizaba cruzar las llanuras en el invierno.
   D. Estaba enfadada con su esposo por haber abandonado a la familia.

3. ¿Qué puede concluir el lector acerca de la gente que atravesaba las llanuras?

   A. Muchos de ellos perdían la voluntad de vivir.
   B. Muchos de ellos se quedaban sin comida ni agua.
   C. Se negaban a detener la caravana por cualquier motivo.
   D. Entablaban relaciones más profundas al enfrentar juntas las dificultades.

Las respuestas y explicaciones comienzan en la página 74.

Ideas principales y detalles de apoyo

REPASO DE HABILIDADES

Cuando lea un texto informativo en el examen GED, confirme si lo entiende bien. Pregúntese: "¿De qué se trata este pasaje? ¿Qué está diciendo el autor?". Las respuestas a estas preguntas le ayudarán a entender las dos partes más importantes del texto: las ideas principales y los detalles de apoyo.

Tema e idea principal

Cada texto informativo tiene un tema y una o más ideas principales. El **tema** es la materia general sobre la que trata el texto. La **idea principal** es lo que dice el autor sobre el tema. Un tema se puede expresar generalmente en una o dos palabras. El tema suele expresarse en el título de un texto. Una idea principal se expresa generalmente en una oración o dos, a menudo al final de la introducción del texto.

- *Tema:* la Gran Depresión
- *Título:* Momentos difíciles durante la Gran Depresión
- *Idea principal:* Muchos estadounidenses sufrieron graves dificultades durante la catástrofe económica denominada "Gran Depresión".

Detalles de apoyo y oración temática

Las ideas principales están **fundamentadas,** o explicadas, por los detalles del texto. Los **detalles de apoyo** son ideas o información específica, como:

- razones
- ejemplos
- estadísticas (hechos numéricos)
- definiciones
- citas
- descripciones

Los detalles de apoyo se agrupan en párrafos. Cada párrafo tiene su propia "mini" idea principal o propósito principal, lo que ayuda a fundamentar la idea principal y general. La idea principal de este párrafo se puede expresar con una **oración temática.** En el siguiente párrafo, la oración temática subrayada está fundamentada por dos tipos de detalles: una estadística y una cita.

> El desempleo llegó a su punto máximo en 1933, tal vez el peor año de la Gran Depresión. Más del 25 por ciento de los estadounidenses que buscaban trabajo estaban desempleados. La gente salía a buscar empleo, pero sus esfuerzos resultaban en vano. Como lo manifestó un hombre: "Me sentía desesperanzado. No tenía forma de llevar un sustento a mi familia. No había nada para mí".

¡ATENCIÓN!

*Si bien la primera oración de un párrafo suele ser la oración temática, no se confíe totalmente en eso. La primera oración puede ser una **transición**, o un "puente" que muestra la conexión entre las ideas en ese párrafo y en el que viene antes. La oración temática puede aparecer en cualquier lugar del párrafo, incluso al final.*

© New Readers Press. All rights reserved

Ideas principales explícitas e implícitas

Una idea principal puede expresarse explícitamente con palabras o puede estar implícita. Recuerde que las ideas implícitas están sugeridas o insinuadas, en vez de estar directamente expresadas. La idea principal de un párrafo o de todo un texto puede estar implícita. Para buscar ideas principales implícitas, busque qué tienen en común los detalles de apoyo. Lea el siguiente párrafo y pregúntese: "¿Qué tienen en común los detalles?".

> Durante la Depresión, la gente vivía en chozas improvisadas de madera en Central Park, en la ciudad de Nueva York. En Arkansas, se podía encontrar gente viviendo en cuevas. En Oakland, California, algunas personas encontraron refugio dentro de las cañerías del alcantarillado.

¿Advirtió que todos los detalles tratan sobre la falta de vivienda durante la Gran Depresión? Si la oración temática fuese explícita, sería algo así: La falta de vivienda fue un problema terrible durante la Gran Depresión.

Secciones y títulos

En algunos textos, los párrafos se agrupan en secciones. Cada sección tiene un **título,** o subtítulo, que indica o sugiere la idea principal de la sección. Úselos como ayuda para averiguar las ideas principales. Para ver un ejemplo de un pasaje con títulos, consulte "La vida en comunidad" en las páginas 14 y 15.

Repaso final

Ya estudió las dos partes principales de un texto informativo: las ideas principales y los detalles de apoyo. Antes de continuar, estudie el siguiente mapa conceptual para repasar cómo se combinan todas estas piezas. Observe que la idea principal de cada párrafo fundamenta la idea principal y general al describir una dificultad diferente que debieron enfrentar los estadounidenses. Por su parte, cada detalle explica la idea principal del párrafo.

IDEA PRINCIPAL			
Muchos estadounidenses sufrieron graves dificultades durante la catástrofe económica denominada "Gran Depresión".			
"MINI" IDEA PRINCIPAL (fundamenta la idea principal) El desempleo llegó a su pico máximo en 1933, tal vez el peor año de la Gran Depresión.		**"MINI" IDEA PRINCIPAL (fundamenta la idea principal)** La falta de vivienda fue un problema terrible durante la Gran Depresión.	
Detalle de apoyo (fundamenta la "mini" idea principal) ejemplo	**Detalle de apoyo (fundamenta la "mini" idea principal)** cita textual	**Detalle de apoyo (fundamenta la "mini" idea principal)** ejemplo	**Detalle de apoyo (fundamenta la "mini" idea principal)** estadística

© New Reader Press. All rights reserved.

PRÁCTICA GUIADA

Lea el siguiente pasaje en su totalidad. Luego, lea y responda las preguntas en la columna de estrategias.

ESTRATEGIAS

La vida en comunidad

1. La idea principal y general de un texto se suele establecer al final de la introducción. ¿Qué idea principal se expresa aquí? Subráyela.

1 Es una escena un poco extraña. Mientras un rinoceronte se pasea por la llanura africana buscando vegetación para alimentarse, un ave se posa en su lomo y se queda allí. No es un ave cualquiera. Es un picabuey, un tipo de ave que vive con los rinocerontes. Al rinoceronte no le importa llevarla de paseo. El ave se come las garrapatas que se le prenden al rinoceronte y le chupan la sangre. Entonces, mientras el picabuey tiene un almuerzo gratis, el rinoceronte tiene un control de plagas gratis. Esta interacción es un ejemplo de *simbiosis*. La palabra proviene de la raíz griega que significa "convivencia" o "vivir juntos". Como lo sugiere la raíz, la simbiosis se refiere a las interacciones entre diferentes especies que viven juntas. Las relaciones simbióticas se pueden dividir en tres categorías: mutualismo, comensalismo y parasitismo.

2. El título le indica que esta sección trata sobre el mutualismo. ¿Qué oración expresa la idea principal? Subráyela. (ATENCIÓN: no es la primera oración).

2 Mutualismo

La relación entre el rinoceronte y el picabuey ilustra el *mutualismo*, es decir, las interacciones entre dos especies diferentes que benefician a ambas. En las relaciones mutualistas, cada especie proporciona un beneficio a la otra que contribuye a las probabilidades de supervivencia de ambas. La relación entre las anémonas y el pez payaso es otro ejemplo de mutualismo. Las anémonas de mar parecen plantas. Sin embargo, son en realidad animales que viven en el fondo del mar. Se suelen sujetar a rocas y quedan inmóviles por largos períodos de tiempo. Para cazar a sus presas, usan sus tentáculos que tienen aguijones que insertan un veneno mortal. La mayoría de los peces y otros animales se mantienen alejados, excepto el pez payaso. Los aguijones de la anémona no le hacen daño a este pez. De hecho, el pez payaso vive con ella y se queda merodeando en sus tentáculos. Los tentáculos lo protegen de otros animales que quieren comérselo. A cambio, el pez payaso ahuyenta al pez mariposa, que se alimenta de las anémonas.

3. Recuerde buscar los detalles que respaldan las ideas principales. ¿Qué ejemplo explica el comensalismo? Subráyelo.

3 Comensalismo

El *comensalismo* es una relación simbiótica en la que una de las especies se beneficia y la otra no es afectada. El ganado y la garza ganadera, que es un tipo de ave, tienen esta clase de relación. Mientras el ganado pace, involuntariamente hace que se muevan los insectos que se hallan en la hierba. La garza ganadera se alimenta de insectos. Como el ganado hace que sea más fácil ver y atrapar a los insectos, la garza ganadera vive cerca y se beneficia de él. El ganado no tiene ningún beneficio, pero tampoco es perjudicado.

4 Parasitismo

El *parasitismo* es una relación simbiótica en la que una de las especies se beneficia y la otra es perjudicada. La relación entre la garrapata y el rinoceronte es un ejemplo. La garrapata se sujeta al rinoceronte para alimentarse de su sangre. Las dolorosas picaduras, que pueden llegar a infectarse, no benefician para nada a los rinocerontes. De hecho, terminan siendo perjudiciales. Por su parte, las garrapatas reciben un alimento vital de la sangre del rinoceronte. El parasitismo es muy común. Si alguna vez le ha picado una garrapata o un mosquito, sabe de primera mano de qué se trata.

4. Recuerde usar los títulos para hallar las ideas principales. ¿Qué oración expresa la idea principal sobre el parasitismo? Subraye esta oración temática. ¿Qué oración da un ejemplo de apoyo? Subráyela.

❖   ❖   ❖

PRÁCTICA PARA EL EXAMEN GED   Escriba cada detalle de apoyo en la lista en la casilla que muestra la relación simbiótica correspondiente.

- Los mosquitos pican a la gente y le succionan la sangre, dejando picaduras molestas.
- Los tentáculos de la anémona protegen al pez payaso; el pez payaso ahuyenta al pez mariposa, que se alimenta de las anémonas.
- El ganado remueve a los insectos; la garza ganadera se come a los insectos sin molestar al ganado.

1. Mutualismo	2. Comensalismo	3. Parasitismo

Las respuestas y explicaciones comienzan en la página 74.

© New Readers Press. All rights reserved.

PRÁCTICA Lea el pasaje. Responda las preguntas que siguen a continuación.

Un problema global constante

1   En la década de 1930, las Grandes Llanuras en la región central de Estados Unidos fueron afectadas por una terrible sequía. Esta región es por naturaleza semiárida, por lo que raramente recibe lluvias abundantes. Pero en la década de 1930, la sequía fue de gran magnitud. Los fuertes vientos levantaron la tierra seca y la arrastraron a cientos de millas de distancia. Muchos agricultores se fueron, abandonaron sus hogares y sus granjas. En la tierra se produjo un proceso llamado *desertificación,* por el cual un terreno semiárido se transforma en un desierto. La desertificación puede ocurrir naturalmente a medida que el clima cambia gradualmente y la tierra se vuelve más seca. Sin embargo, también puede producirse cuando las actividades humanas ejercen demasiada tensión sobre el suelo. Hoy en día, al igual que durante la década de 1930, la desertificación ha devastado la vida de muchas personas y en parte son ellas mismas las culpables.

2   El problema en las Grandes Llanuras se inició en la década de 1920, cuando las nuevas maquinarias agrícolas les permitían a los granjeros hacer plantaciones más grandes con más rapidez. Los agricultores usaron las maquinarias para cultivar muchos más acres de tierra que los que cultivaban anteriormente, aproximadamente 5 millones de acres más. Gran parte de este terreno había sido cubierto con una hierba resistente a la sequía, autóctona de la región. Los agricultores araron la tierra, mataron a la hierba y plantaron trigo, que no es resistente a la sequía.

3   Siempre que hubo suficientes lluvias, el trigo creció. Pero una larga sequía afectó la zona durante la década de 1930. La región generalmente soporta los períodos secos, pero en este caso, la gente había empeorado la situación. Incluso a medida que la sequía se intensificaba, los agricultores continuaron arando y plantando. Con la escasez de agua, el trigo no creció. El suelo quedó expuesto al sol y al viento, dando paso a la desertificación.

4   En la actualidad, el área de las Grandes Llanuras se ha recuperado de la desertificación de 1930. Nuevamente, se ha transformado en una región agrícola productiva. Además, los agricultores de hoy en día adoptan mejores prácticas agrícolas. Pero la desertificación continúa amenazando otros lugares en el mundo. Un caso conocido es el Sahel, una región de África occidental. En 1968, la región sufrió una gran sequía. Al igual que las Grandes Llanuras, el Sahel es semiárido. En este lugar la tierra también ha sido sometida a un uso excesivo. Grandes manadas de ganado se desplazaban por el área. Pisoteaban la tierra, pastaban en la escasa vegetación de manera excesiva y dejaban el suelo expuesto al sol y al viento. La sequía duró años. Para 1973, 100,000 personas y 12 millones de cabezas de ganado habían muerto.

5   La desertificación se mantiene como una amenaza en algunas regiones de África y otros rincones del mundo. Para ayudar a resolver el problema, las Naciones Unidas lanzaron programas educativos para enseñar a las personas sobre el uso razonable del suelo. Como lo señaló Luc Gnacadja, secretario ejecutivo de la Convención de las Naciones Unidas de Lucha contra la Desertificación (UNCCD): "[resolver el problema de la] desertificación consiste principalmente en evitar el uso indebido de la tierra".

PRÁCTICA PARA EL EXAMEN GED   **Encierre en un círculo la letra de la opción que responde correctamente cada pregunta.**

1. **¿Cuál es la idea principal del pasaje?**
   A. La desertificación es el proceso por el cual la tierra semiárida se convierte en un desierto.
   B. La sequía hizo que la década de 1930 fuera una época devastadora para los agricultores de las Grandes Llanuras.
   C. El Sahel es similar a las Grandes Llanuras porque suele atravesar épocas de sequía.
   D. La desertificación es un problema constante provocado en parte por la gente.

2. **¿Qué título resumiría mejor la idea principal de los párrafos 2 y 3?**
   A. La terrible sequía
   B. Es mejor plantar pasto, no trigo
   C. Prácticas agrícolas perjudiciales
   D. Nuevas máquinas, nuevos problemas

3. **¿Por qué el autor da el ejemplo de la desertificación en el Sahel?**
   A. para demostrar que los agricultores africanos necesitan asistencia financiera
   B. para mostrar que la desertificación es un problema mundial
   C. para señalar las diferencias entre los métodos de agricultura en los Estados Unidos y en África
   D. para señalar las similitudes entre las condiciones de sequía en los Estados Unidos y en África

Las respuestas y explicaciones comienzan en la página 74.

© New Readers Press. All rights reserved.

Secuencia de acontecimientos

REPASO DE HABILIDADES

Algunas preguntas en el examen GED podrán ser acerca de la organización de un pasaje. La **organización** es el orden en el que se proporcionan los detalles: qué viene primero, a continuación, luego y después de eso. Identificar el orden de la información le puede ayudar a averiguar cuáles son los detalles más importantes. También puede ayudarle a recordarlos. En esta lección, aprenderá sobre uno de los patrones de organización más comunes: la secuencia de acontecimientos.

Orden secuencial

El orden secuencial o la **secuencia de acontecimientos** es el orden en el cual realmente ocurren los acontecimientos. Si alguna vez miró un programa de televisión donde le mostraban cómo hacer algo, sabrá de qué se trata esta estructura organizativa. En un programa de cocina, por ejemplo, el cocinero podrá pedirle que primero junte todos los ingredientes que necesita, luego corte una cebolla y un poco de apio, a continuación derrita mantequilla en una sartén y cocine los vegetales picados, y así sucesivamente. Explicar los acontecimientos en una secuencia es la forma más clara de presentar un plan o proceso, paso por paso. También encontrará un orden secuencial en este tipo de textos:

- manuales del fabricante, como los que vienen con teléfonos celulares y otros dispositivos electrónicos
- instrucciones que explican cómo ir caminando o en automóvil de un lugar a otro
- textos científicos que explican un proceso natural, como la fotosíntesis
- textos de matemáticas que explican cómo resolver un problema o aplicar una fórmula

Orden cronológico

El orden secuencial también se usa para presentar los acontecimientos en textos narrativos o historias sobre acontecimientos reales o imaginarios. Estos textos pueden ser:

- artículos periodísticos
- textos científicos sobre descubrimientos e invenciones
- textos de estudios sociales e historia sobre acontecimientos del pasado

Cuando las personas describen el orden secuencial en este tipo de textos narrativos, suelen usar el término *orden cronológico*. Observe todas las referencias al tiempo en el siguiente artículo periodístico.

INCENDIO DEJA A OCHO PERSONAS SIN HOGAR

Se produjo un incendio en un apartamento de Pastan Boulevard anoche **aproximadamente a las 6 p. m.** cuando prendió el fuego en una pila de periódicos que se hallaba cerca de un calentador. Los ocupantes llamaron al departamento de bomberos, que llegó **unos cinco minutos más tarde.** Cuando llegaron los bomberos de Treaton encontraron el apartamento completamente envuelto en llamas. Se logró evacuar a todos los ocupantes del edificio y nadie resultó herido. Luego de que el jefe de bomberos Mosby declaró el incendio como grave, llegó al lugar un grupo de bomberos de Mirisville **alrededor de las 6:45 p. m.** para brindar ayuda. **A las 9 p. m.,** el jefe Mosby anunció que se había logrado extinguir con éxito el incendio. El fuego dañó tres apartamentos y dejó a ocho ocupantes del edificio en la calle.

© New Readers Press. All rights reserved.

Palabras introductorias que indican secuencia

Las **palabras introductorias que indican una secuencia** captan la atención del lector hacia una secuencia de acontecimientos. Si busca este tipo de palabras introductorias, podrá descubrir más fácilmente qué acontecimientos son importantes. Observe cómo estas palabras introductorias en el artículo periodístico se pueden usar para llevar un registro de los acontecimientos más importantes.

- Aproximadamente a las 6 p. m.: se produjo un incendio.
- Unos cinco minutos más tarde: llegaron los bomberos de Treaton y evacuaron a los ocupantes.
- Alrededor de las 6:45 p. m.: llegaron los bomberos de Mirisville para prestar ayuda.
- A las 9 p. m.: el jefe Mosby anunció que el incendio había sido extinguido.

Además de las referencias a las horas específicas, observe estas otras palabras introductorias que indican una secuencia:

Palabras que significan "primero"	Palabras que significan "a continuación"	Palabras que significan "al mismo tiempo"	Palabras que significan "por último"
al principio	después	durante	finalmente
en primer lugar	luego	mientras tanto	al final
para comenzar	más tarde	en tanto	para finalizar
para iniciar	posteriormente	simultáneamente	en conclusión

> **¡ATENCIÓN!**
>
> *Las palabras introductorias que indican una secuencia no son las únicas que pueden ayudarle a descubrir el orden de los acontecimientos. Los **verbos,** o las palabras que indican una acción, también pueden señalar una secuencia. Observe el **tiempo** del verbo para saber cuándo ocurrió una acción. Ejemplo: Los agricultores recién **habían terminado** de plantar cuando **comenzaron** las fuertes lluvias.*
>
> *El tiempo del verbo (habían + terminado) le indica que la primera acción —plantar— ocurrió antes de la segunda acción —el comienzo de las lluvias.*

Repaso final

Ya estudió el orden secuencial, los tipos de textos en los que se usa y las palabras introductorias que indican una secuencia. Antes de continuar, estudie el siguiente cronograma donde se resume una secuencia de acontecimientos.

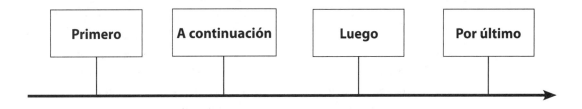

© New Readers Press. All rights reserved.

PRÁCTICA GUIADA

Lea el siguiente pasaje en su totalidad. Luego, lea y responda las preguntas en la columna de estrategias.

ESTRATEGIAS

La ciencia del sueño

1. ¿Cuáles son las cuatro cosas que debe buscar mientras lee? Subraye la oración con la idea principal que se lo indica.

1 Si bien pasamos aproximadamente un tercio de nuestras vidas durmiendo, pocos de nosotros sabemos algo acerca de este estado tranquilo y relajado. Afortunadamente, los científicos han investigado el misterio y tienen algunas cosas para decirnos. Para estudiar el sueño, los científicos conectaron a voluntarios a un electroencefalograma (EEG), una máquina que registra la actividad cerebral. Cada vez que pensamos o movemos un músculo, las neuronas o células nerviosas disparan pequeñas cargas eléctricas que son registradas por el EEG como ondas cerebrales. Estas ondas se representan en la computadora o en el resultado impreso del EEG como líneas continuas. Existen diferentes tipos de ondas cerebrales y cada una se define por la velocidad a la cual se mueve. Los científicos miden las ondas cerebrales en ciclos por segundo o cps. Cuando estamos despiertos, nuestro cerebro está sumamente activo y las ondas cerebrales aparecen como marcas rápidas e irregulares en el EEG. Mientras dormimos, la actividad cerebral se hace más lenta y genera patrones regulares en el EEG. Con base en las características de las ondas cerebrales, los científicos dividieron el sueño en cuatro etapas principales.

2. ¿Qué ocurre durante la primera etapa del sueño? Subraye los detalles clave que explican lo que sucede.

2 Cuando nos dormimos, ingresamos en la etapa 1, una transición entre estar despiertos y dormidos que dura de 5 a 10 minutos. Nuestro cerebro se enlentece y comienza a producir las llamadas ondas theta, que se mueven de 3 a 7 cps. Durante esta etapa, los músculos se relajan y se produce un estado llamado parálisis flácida. Básicamente, esto significa que los músculos grandes, como los de nuestros brazos y piernas, dejan de estar bajo nuestro control. Es muy fácil despertar a una persona en la etapa 1 del sueño.

3. Subraye la frase secuencial que señala que se describirá una nueva etapa en el proceso del sueño.

3 A continuación, pasamos a la etapa 2. Las ondas cerebrales se enlentecen en el rango theta y muestran picos ocasionales en tamaño o amplitud. Perdemos la noción consciente del mundo que nos rodea. Pasamos alrededor de la mitad del tiempo de sueño en la etapa 2. A medida que nuestro cerebro continúa disminuyendo su actividad, comienza a producir ondas delta, que se mueven a una velocidad de 3 cps o menos.

4. ¿Qué etapa del sueño se describe en este párrafo? Subraye el nombre de la etapa.

4 La etapa 3 comienza cuando al menos 20 por ciento de las ondas cerebrales son ondas delta. Algunas listas muestran una etapa adicional durante la cual por lo menos el 50 por ciento de las ondas son ondas delta. El sueño más profundo ocurre durante esta etapa. La temperatura corporal, el ritmo cardíaco y de respiración alcanzan sus niveles más bajos. Si nos despiertan durante el sueño delta, es posible que nos sintamos desorientados por algunos minutos. Tras un período de sueño profundo, el cerebro comienza a despertar y retrocede en las etapas que atravesó a medida que caía en el sueño profundo. Sin embargo, en la repetición de ciclos ingresamos en una etapa importante denominada REM (movimiento rápido de ojos) en vez de pasar a la etapa 1.

© New Readers Press. All rights reserved.

5 Durante el sueño REM, los ojos comienzan a moverse rápidamente, de un lado a otro, a pesar de que los párpados permanecen cerrados. Mientras tanto, la temperatura corporal, el ritmo cardíaco y respiratorio aumentan y se vuelven irregulares. Durante esta etapa, tenemos nuestros sueños más vívidos. El cerebro se vuelve más activo, casi tan activo como cuando estamos despiertos. Es posible que se produzcan tics en los dedos y las manos, pero los músculos principales quedan paralizados. Los jóvenes y adultos pasan alrededor del 20 por ciento del tiempo de sueño en la etapa REM. Los bebés pequeños pueden pasar la mitad del tiempo en el sueño REM.

6 Un ciclo completo de sueño dura entre 90 y 110 minutos y luego se repite cinco o seis veces cada noche. Durante la primera parte de la noche, pasamos más tiempo en un estado de sueño profundo y menos tiempo en el sueño REM. A medida que transcurre la noche, pasamos menos tiempo en el sueño profundo y cada vez más en el sueño REM.

PRÁCTICA PARA EL EXAMEN GED Escriba cada evento en el cuadro de la etapa en el que ocurre durante el ciclo del sueño.

- Se producen sueños vividos.
- El cerebro produce ondas theta y luego ondas delta.
- Se genera la parálisis flácida.
- Al menos 20 por ciento de las ondas cerebrales son ondas delta.

1. Etapa 1	2. Etapa 2	3. Etapa 3	4. Sueño REM

Las respuestas y explicaciones comienzan en la página 75.

5. ¿Qué frase introductoria de este párrafo le indica que diferentes eventos se están produciendo a la misma vez? Subráyela.

© New Readers Press. All rights reserved.

© New Readers Press. All rights reserved.

PRÁCTICA   Lea el pasaje. Responda las preguntas que siguen a continuación.

Lewis y Clark cruzan las montañas Bitterroot

1   Antes de 1803, los Estados Unidos ocupaban solo la mitad este de América del Norte. El río Mississippi constituía la frontera oeste del país y las tierras que se extendían más hacia el oeste pertenecían a Francia. El presidente Thomas Jefferson quería obtener el control de esas tierras y del río Mississippi. En 1803, Francia le ofreció venderle esas tierras y Jefferson rápidamente las compró en lo que se conoció como la compra de Luisiana.

2   Jefferson no sabía exactamente qué estaba comprando porque gran parte del territorio al oeste del Mississippi todavía no había sido explorado. Nadie sabía qué había en esas tierras o incluso qué extensión tenían. Para saber más sobre la compra, Jefferson organizó un grupo de exploradores que denominó "cuerpo del descubrimiento". Meriwether Lewis y William Clark estaban al mando.

3   En 1804, Lewis y Clark emprendieron su viaje desde St. Louis. La primera parte de la expedición fue en barco. Fueron río arriba, por el río Missouri, tan lejos como pudieron. Tras dejar el río, iniciaron la trayectoria en tierra atravesando el país. Muy pronto llegaron a las montañas Bitterroot, territorio que ahora pertenece a los estados de Idaho y Montana. El 11 de septiembre de 1805, comenzaron la caminata a través de las montañas, un tiempo peligrosamente tardío en el año para iniciar el cruce. Incluso antes de llegar a las montañas, en la expedición escaseaba la comida. No tenían suministros suficientes de comida para los caballos, por lo que dejaban que los animales pastaran por la noche. Eso los obligaba a perder un tiempo precioso buscando los caballos nuevamente a la mañana siguiente.

4   El 14 de septiembre, los exploradores debieron enfrentar copiosas lluvias, nieve y granizo. Luego, su guía perdió de vista el sendero. Cuando acamparon, estaban agotados. Al día siguiente, el grupo volvió a encontrar el rumbo. Treparon por las empinadas laderas de las montañas en las que el camino se hallaba al borde de un acantilado; cualquier resbalón podría haber resultado mortal. El grupo solo alcanzó avanzar doce millas ese día. Necesitaban moverse más rápido antes de que el mal tiempo los alcanzara.

5   Los hombres ya habían tenido que soportar grandes esfuerzos físicos y no estaban preparados para lo que llegaría al día siguiente, el 16 de septiembre. La nieve comenzó a caer antes del amanecer y no se detuvo en todo el día. En esas condiciones, era muy difícil ver el camino. En los días siguientes, la expedición deambuló por las montañas. Los caballos estaban hambrientos y débiles, y los exploradores estaban en iguales condiciones. Muchas veces, tuvieron que matar a un caballo para alimentarse. Sin embargo, solo se trataba de una solución temporal, porque enseguida quedaron con un número demasiado bajo de caballos y necesitaban los pocos que les quedaban para llevar los suministros.

6   A medida que la gente y los caballos comenzaron a debilitarse cada vez más, el trayecto se hizo más penoso y avanzaban muy pocas millas. Era difícil proseguir, pero no tenían otra opción. Por más mal que se sintieran, se levantaban cada mañana y continuaban luchando. Finalmente, el 22 de septiembre, los viajeros llegaron al final de las Bitterroot. Habían viajado 160 millas a través de las montañas más escarpadas de América del Norte.

PRÁCTICA PARA EL EXAMEN GED   Encierre en un círculo la letra de la opción que responde correctamente cada pregunta.

1. **¿Por qué Lewis y Clark exploraron las tierras al oeste del río Mississippi?**
    A. para conocer más sobre las tierras adquiridas en la compra de Luisiana
    B. para participar en la expedición que incluía al presidente Thomas Jefferson
    C. para hallar una ruta fluvial desde el Mississippi a las montañas Bitterroot
    D. para reclamar las tierras que ahora pertenecen a Idaho y Montana para los Estados Unidos

2. **¿Cuál de los siguientes acontecimientos ocurrió primero durante la expedición de Lewis y Clark?**
    A. Lewis y Clark comenzaron su viaje por tierra.
    B. Lewis y Clark debieron soportar mucha nieve.
    C. Lewis y Clark llegaron a las montañas.
    D. Lewis y Clark viajaron río arriba por el río Missouri.

3. **¿Cuál de los siguientes acontecimientos ocurrió el 15 de septiembre de 1804?**
    A. Los miembros de la expedición perdieron los caballos y tuvieron que salir a buscarlos.
    B. La expedición logró encontrar el camino que el guía había perdido en la nieve.
    C. Una tormenta de nieve obligó a la expedición a dejar de subir las montañas y buscar un refugio.
    D. Un miembro de la expedición resultó herido tras resbalarse y caer por un gran precipicio.

Las respuestas y explicaciones comienzan en la página 75.

© New Readers Press. All rights reserved.

Comparaciones

REPASO DE HABILIDADES

En el examen GED, podrán hacerle preguntas sobre pasajes en los que se muestran similitudes y diferencias entre personas, lugares y cosas. En esta lección, aprenderá técnicas para identificar similitudes y diferencias y practicará al responder preguntas que le piden buscar similitudes y diferencias.

Razones para buscar similitudes y diferencias

Buscar similitudes significa hallar cosas que son semejantes. **Buscar diferencias** significa hallar cosas que sean distintas. Estas dos habilidades, que suelen ir de la mano, son útiles para tomar decisiones. En el supermercado, por ejemplo, probablemente usted busca diferencias y similitudes entre distintas marcas de cereales, pizzas u otro tipo de alimentos para decidir cuál comprar. Quizá también busque similitudes y diferencias para entender temas con más profundidad. Al buscar las similitudes y diferencias en las personas, lugares y cosas, es posible que logre verlas con más claridad. Lea el siguiente pasaje de un texto científico y pregúntese: "¿Qué cosas se están comparando? ¿En qué se parecen? ¿En qué se diferencian?".

> Un **compuesto** está formado por elementos que están unidos entre sí por enlaces químicos. Estos enlaces son tan fuertes que solo se pueden romper mediante una reacción química. Por ejemplo, para separar el óxido de hierro en los elementos que lo componen (hierro y oxígeno), deberá fundir el óxido de hierro en un horno de fundición. En contraste con esto, una **mezcla** está compuesta por elementos y compuestos que se combinan sin enlaces químicos. Como la mezcla carece de estos enlaces, es más fácil descomponer sus partes. Por ejemplo, para separar el agua de mar, que es una mezcla de agua y sal, lo único que debe hacer es dejar que el agua se evapore y la sal reaparecerá.

Este pasaje resalta similitudes y diferencias entre un compuesto y una mezcla para ayudarles a los lectores a entender más claramente qué es cada cosa. Una similitud entre el compuesto y la mezcla es que ambos están formados por dos o más elementos. Una diferencia es la forma en la que están unidos los elementos.

Palabras introductorias que indican similitudes y diferencias

Cuando leyó el pasaje del texto científico, notó que autor comenzó explicar la diferencia principal entre un compuesto y una mezcla? ¿Observó la frase *en contraste*? Las palabras y frases introductorias que indican similitudes y diferencias, como *en contraste*, le ayudan a identificar las principales similitudes y diferencias a medida que lee. A continuación se enumeran algunas de las palabras y frases más comunes.

Similitudes		Diferencias	
• parecido	• de la misma manera	• aunque	• sin embargo
• ambos	• como, al igual que	• de manera opuesta	• en contraste
• en comparación con	• similar, de manera similar	• pero	• por otra parte
		• diferente, diferencias	• por el contrario

© New Readers Press. All rights reserved.

> **¡ATENCIÓN!** *No todas las similitudes y diferencias se indican con palabras o frases específicas. Si bien son útiles, no debe depender únicamente de ellas al buscar similitudes y diferencias.*

Patrones de organización

También puede hallar similitudes y diferencias con más facilidad si entiende cómo está organizado este tipo de textos. Es posible que los autores sigan el patrón de bloque o el patrón punto por punto. En el patrón de bloque, el autor escribe sobre el tema A, punto por punto, antes de continuar con el tema B. Luego, el autor escribe sobre el tema B presentando las similitudes y diferencias, punto por punto, con el tema A. El siguiente diagrama muestra el patrón de organización por bloque.

Bloque: similitudes y diferencias entre dos marcas de pizza

Pizza A **Punto 1: Apariencia:** poco apetecible **Punto 2: Sabor:** parece cartón **Punto 3: Precio:** $5.99	**Pizza B** **Punto 1: Apariencia:** deliciosa (diferencia) **Punto 2: Sabor:** parece casera (diferencia) **Punto 3: Precio:** $5.99 (similitud)

En el patrón punto por punto, el autor organiza la comparación con respecto a cada punto, en lugar de cada tema.

Punto por punto: similitudes y diferencias entre dos marcas de pizza

Punto 1: Apariencia: la pizza A se ve poco apetecible; la pizza B se ve deliciosa.
Punto 2: Sabor: la pizza A sabe como cartón; la pizza B sabe a comida casera.
Punto 3: Precio: tanto la pizza A como la pizza B cuestan $5.99.

Repaso final

Antes de continuar, observe el siguiente diagrama de Venn. Muchas personas usan este tipo de diagramas para registrar las similitudes y diferencias a medida que leen. Las diferencias se escriben en los círculos exteriores. Las similitudes se escriben en la sección del medio.

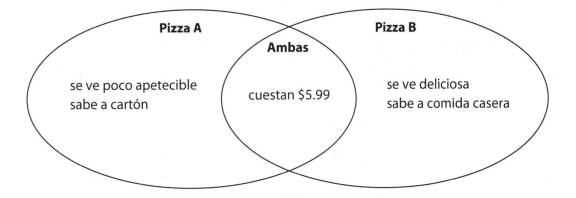

Pizza A — se ve poco apetecible / sabe a cartón

Ambas — cuestan $5.99

Pizza B — se ve deliciosa / sabe a comida casera

© New Readers Press. All rights reserved.

PRÁCTICA GUIADA

Lea el siguiente pasaje en su totalidad. Luego, lea y responda las preguntas en la columna de estrategias.

Booker T. Washington y W. E. B. Du Bois

1. ¿Cómo pasó Washington los primeros años de su infancia? Subraye la oración que se lo indica.

1 Si bien la 13.ª Enmienda de la Constitución de Estados Unidos oficialmente liberó a los esclavos afroamericanos en 1865, la lucha por la igualdad de derechos no había terminado. El racismo y la discriminación aún existían en el país a pesar de la aprobación de la nueva ley. Muchos afroamericanos buscaban la orientación de líderes negros, como Booker T. Washington, para saber cómo mejorar sus vidas. Washington había nacido en 1856, nueve años antes de que se aprobara la 13.ª enmienda, y pasó los primeros años de su infancia como esclavo. Una vez que fue liberado, aprendió a leer y escribir, fue a la escuela y se convirtió en maestro.

2. ¿Qué creía Washington que debían hacer los negros para que les fuera bien? Subraye las oraciones que se lo indican.

2 Washington creía que la mejor manera para que a los afroamericanos les fuera bien era ser independientes económicamente. Les sugería que trabajaran duro como agricultores, comerciantes y empleados en la industria. "La persona que puede hacer algo que le pide el mundo al final hallará su camino, sin importar a qué raza pertenece", aconsejaba Washington. Para ayudar a dar educación a los negros, fundó el Instituto Normal e Industrial Tuskegee, que se especializaba en enseñar habilidades prácticas, como agricultura, carpintería y fabricación de zapatos.

3. ¿Cuál era el enfoque de Washington para luchar contra la discriminación? Subraye la oración que responde esta pregunta.

3 Washington también recomendó a los negros que no lucharan abiertamente contra la discriminación y que aceptaran ser ciudadanos de segunda clase, al menos temporalmente. Este enfoque, que suponía adaptarse a los deseos de muchas personas blancas, le valió a Washington la admiración y el apoyo de los blancos del sur. Frente a un público totalmente compuesto por blancos, Washington declaró que aceptaba continuar con la separación racial, pero pronosticó que la segregación algún día llegaría a su fin. Declaró: "En todos los aspectos sociales, podemos estar tan separados como los dedos de una mano, pero seguiremos siendo una sola mano, en todo lo fundamental que tiene que ver con el progreso mutuo. Ninguna raza que tenga algo para contribuir a los mercados del mundo queda excluida de alguna forma por mucho tiempo".

4. ¿En qué se diferenció la infancia de Du Bois de la de Washington? Subraye las oraciones que se lo indican.

4 No todos los afroamericanos aceptaban el enfoque de Washington con respecto a los derechos civiles. Surgió una nueva generación de líderes que adoptaron una actitud más radical hacia los derechos civiles. Uno de esos líderes fue W. E. B. Du Bois. A diferencia de Washington, Du Bois nunca había conocido la esclavitud. Había nacido tres años después de la aprobación de la 13.ª enmienda y no pasó sus primeros años en la esclavitud, sino en la escuela. A los 20 años, Du Bois tenía una licenciatura de la Universidad de Fisk, una escuela para negros en Nashville, Tennessee, y para los 27 años, había obtenido un doctorado en historia de Harvard. Luego de continuar sus estudios en Europa, Du Bois fue profesor de sociología, historia y economía en la Universidad de Atlanta.

© New Readers Press. All rights reserved.

5 La estrategia de derechos civiles de Du Bois era directa y sencilla. Creía que los afroamericanos podrían realizar cambios sociales únicamente mediante una combinación de acciones políticas y protestas. Du Bois creía que si no se presionaba agresivamente a favor de los derechos civiles, nada ocurriría. Esta filosofía se contraponía directamente con la de otros líderes negros que abogaban por la adaptación, como Booker T. Washington. Du Bois tampoco estaba de acuerdo con el enfoque de Washington con respecto a la educación. Si bien ambos creían profundamente en la importancia de la educación, Du Bois sostenía que los negros debían recibir una educación en las artes liberales clásicas, el tipo de educación que él mismo había recibido, en vez de una educación que se enfocara en las habilidades prácticas.

5. ¿Qué dos diferencias entre Washington y Du Bois se presentan en este párrafo? Subráyelas.

6 A fin de promover acciones políticas, Du Bois se reunió en secreto en 1905 con un grupo de empresarios e intelectuales negros en las cataratas del Niágara, en Ontario, Canadá. Allí, el grupo emitió este manifiesto: "Queremos plenos derechos de sufragio y los queremos ahora. ... Somos hombres. Queremos ser tratados como tales. Y venceremos". La reunión en Niágara condujo a la creación del Movimiento Niágara, un predecesor de la Asociación Nacional para el Progreso de las Personas de Color (NAACP).

❖   ❖   ❖

PRÁCTICA PARA EL EXAMEN GED Use el diagrama de Venn para buscar similitudes y diferencias entre Washington y Du Bois. Escriba al menos dos aspectos en los que eran similares en la sección que está entre los dos círculos. Escriba al menos dos aspectos en los que eran diferentes en las secciones en los extremos.

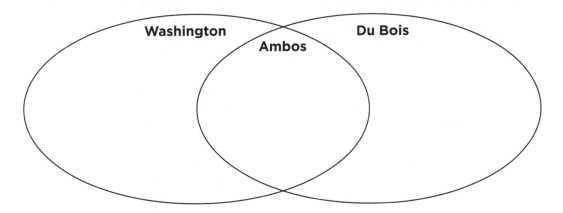

Las respuestas y explicaciones comienzan en la página 75.

© New Readers Press. All rights reserved.

Lea el pasaje. Responda las preguntas que siguen a continuación.

Herbert Hoover y Franklin Delano Roosevelt

1 Herbert Hoover tenía mala suerte. Unos meses después de ser electo presidente, se produjo la caída de la Bolsa de Valores de 1929. Tras ello, ocurrió la peor depresión económica en la historia estadounidense. Miles de bancos cerraron llevándose consigo los ahorros de toda la vida de la gente. Las empresas se declaraban en quiebra. La tasa de desempleo aumentó drásticamente. Al igual que muchas personas, Hoover creía que la crisis era temporal y que el país pronto se recuperaría. Su principal meta era intentar restablecer la fe de los estadounidenses en la economía y en el sistema bancario nacional. Se opuso a que la gente recibiera asistencia gubernamental directa. Hoover sostenía que produciría un debilitamiento de la moral y el carácter de los estadounidenses. La gente debía ayudarse entre sí y ayudar a sus vecinos. "La base de la asistencia exitosa ante una crisis nacional es movilizar y organizar la infinita cantidad de agencias de autoayuda en la comunidad", explicó Hoover a la prensa en 1931. "Esa ha sido la manera estadounidense de solucionar las dificultades entre nosotros mismos y el país está logrando resolver satisfactoriamente sus problemas de esta forma hoy en día".

2 Sin embargo, a medida que transcurría el tiempo y la crisis se profundizaba, se hizo evidente que eran necesarias más medidas. Hoover respondió de diversas maneras, entre ellas, la creación de la Corporación Financiera de Reconstrucción (RFC). Esta corporación se inspiró en la Corporación Financiera de la Primera Guerra Mundial y otorgó alrededor de $2,000 millones en asistencia a los gobiernos estatales y locales, y concedió préstamos a bancos y otras empresas. No obstante, fue muy poco y ya era demasiado tarde. Hacia el final de su presidencia, no se había producido la recuperación económica y Hoover se había vuelto muy impopular entre el pueblo estadounidense.

3 Con un triunfo aplastante, Franklin D. Roosevelt (FDR) ganó la presidencia en 1932. La gente quería un cambio y FDR se los dio. Propuso un programa llamado "New Deal", es decir, un nuevo trato para el pueblo estadounidense. Una de sus primeras medidas fue ayudar a reformar el sistema bancario nacional para que la gente confiara nuevamente en él. A diferencia de Herbert Hoover, que había dejado que la naturaleza tomara su curso y había permitido que los bancos en crisis cerraran (más de 800 bancos cerraron en septiembre y octubre de 1930 solamente), Roosevelt declaró un feriado bancario oficial. Cerró todos los bancos de Estados Unidos por un breve período para que los analistas pudieran determinar cuáles bancos se encontraban en mejor situación y cuáles no. Roosevelt también le pidió al Congreso que elaborara una legislación que fortaleciera al sistema bancario y ayudara a proteger el dinero que la gente había depositado en los bancos. El Congreso respondió, los bancos más saludables pudieron reabrir y la confianza de la gente en los bancos comenzó a crecer.

© New Readers Press. All rights reserved.

4   La respuesta de Roosevelt a la asistencia para los pobres también fue diferente de la de Hoover. Roosevelt inició una serie de nuevos programas gubernamentales de asistencia directa. Por ejemplo, la Administración Federal de Asistencia brindó ayuda en forma de vivienda, alimentos y otras necesidades básicas; y el Cuerpo de Conservación Civil (CCC) creó empleos para los jóvenes con el fin de conservar y desarrollar los recursos naturales existentes en las tierras pertenecientes al gobierno. "Claramente, estamos mejorando el valor de nuestros recursos naturales y, en segundo lugar, estamos aliviando un nivel considerable de sufrimiento", explicó FDR. Otras medidas incluyeron mejorar una vasta área en el valle de Tennessee, otorgar $500 millones de dólares a los estados y aprobar leyes para ayudar a la gente que estaba teniendo dificultades para pagar sus préstamos hipotecarios. El "New Deal" no puso fin a los problemas causados por la Gran Depresión, pero ayudó en cierta medida. Lentamente, el país comenzó a recuperarse.

❖   ❖   ❖

 PRÁCTICA PARA EL EXAMEN GED **Encierre en un círculo la letra de la opción que responde correctamente cada pregunta.**

1. **Indique una similitud entre Hoover y Roosevelt.**

    A. Ambos se opusieron a que los pobres recibieran asistencia gubernamental directa.

    B. Ambos fueron presidentes populares con altos índices de aprobación.

    C. Ambos querían restablecer la fe de los estadounidenses en el sistema bancario nacional.

    D. Ambos creían que la economía mejoraría sin la intervención del gobierno.

2. **Indique una diferencia entre Hoover y Roosevelt.**

    A. Roosevelt inició una serie de programas gubernamentales que crearon nuevos empleos; Hoover no.

    B. Las medidas de Roosevelt pusieron fin a la Gran Depresión; las medidas de Hoover provocaron la Gran Depresión.

    C. Roosevelt dejó que la naturaleza tomara su curso y permitió que los bancos en crisis cerraran; Hoover trabajó para mantener abiertos los bancos.

    D. Roosevelt creía que la asistencia debía provenir de organizaciones de caridad privadas; Hoover sostenía que debía provenir del gobierno.

3. **¿Cuál es la idea principal de todo el pasaje?**

    A. Durante la Gran Depresión, la conservación de las tierras estadounidenses se convirtió en una prioridad nacional.

    B. Los presidentes Hoover y Roosevelt tenían enfoques muy diferentes para resolver los problemas económicos de la Gran Depresión.

    C. Como resultado de la Gran Depresión, el sistema bancario estadounidense fue sometido a reformas masivas.

    D. Con la caída de la Bolsa de Valores de 1929, Estados Unidos ingresó a un período de dificultades económicas llamado la Gran Depresión.

Las respuestas y explicaciones comienzan en la página 76.

© New Readers Press. All rights reserved.

Relaciones causa-efecto

REPASO DE HABILIDADES

En el examen GED, leerá pasajes que exploran las relaciones causa-efecto. Entender este tipo de relaciones es similar a entender una secuencia de acontecimientos, con una diferencia muy importante. En las relaciones causa-efecto, un acontecimiento no solo sucede antes que otro, sino que es el causante del otro acontecimiento.

Causa y efecto

Una **causa** es una razón por la que ocurre algo. Un **efecto** es lo que ocurre como resultado de la causa. Supongamos, por ejemplo, que un conductor se distrae cuando suena su teléfono celular. Lo busca en el bolsillo de su chaqueta, pero no está allí. Cuando busca el teléfono en el asiento delantero de su auto, no se da cuenta que el vehículo que está delante de él está disminuyendo la velocidad porque hay un letrero de alto. ¡Bum! El conductor choca con el auto que va adelante. Tómese un momento para examinar la relación entre estos dos acontecimientos.

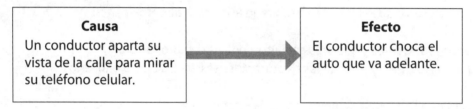

Causa	Efecto
Un conductor aparta su vista de la calle para mirar su teléfono celular.	El conductor choca el auto que va adelante.

Observe que la causa ocurre antes que el efecto. El efecto viene después de la causa. Al describir las relaciones causa-efecto, es posible que un escritor coloque el efecto antes de la causa, como en la siguiente oración:

- Un conductor sufrió un accidente porque apartó la vista de la calle.

Si bien el efecto se expresa primero, en realidad ocurrió después de la causa. Recuerde que una causa hace que algo suceda. El efecto es el resultado de la causa.

Palabras introductorias que indican causa-efecto

Los escritores usan determinadas palabras y frases para dirigir la atención de los lectores a las relaciones causa-efecto. A veces, usan las palabras *causa* y *efecto*. Otras, usan palabras y frases introductorias como las que se enumeran a continuación.

como resultado	Jason se quedó dormido. **Como resultado,** llegó tarde a trabajar.
porque	Su jefa estaba molesta **porque** Jason suele llegar tarde.
en consecuencia	"Llegas tarde", le dijo. "**En consecuencia,** se te descontará el pago de una hora".
por esta razón	Jason necesitaba el dinero. **Por esta razón,** se sintió muy molesto.
si, entonces	Su jefa le advirtió: "**Si** llegas tarde de nuevo, **entonces** tendré que despedirte".
por lo que	Jason quería mantener su empleo, **por lo que** prometió que nunca más llegaría tarde.
por lo tanto	Jason mantuvo su promesa. **Por lo tanto,** todavía tiene su empleo.

© New Readers Press. All rights reserved.

> **¡ATENCIÓN!**
>
> No todas las relaciones causa-efecto están señaladas por ciertas palabras. Si bien todas las siguientes oraciones describen relaciones causa-efecto, no contienen ninguna palabra:
> - Cuando vi que estaba horneando un pastel, me dio hambre.
>   (causa: ver que estaba horneando; efecto: hambre)
> - Llovía tanto que me quedé en casa. (causa: lluvia fuerte; efecto: me quedé en casa)
> - Siempre me duelen los músculos después de hacer ejercicio.
>   (causa: ejercicio; efecto: dolor)

Varias causas y varios efectos

Hasta ahora, hemos estudiado relaciones causa-efecto que solo tienen una causa y un efecto. Sin embargo, estas relaciones no siempre son uno a uno. Un acontecimiento suele derivar de más de una causa. Por ejemplo, cuando a una compañía le va bien, generalmente se debe a una serie de razones, no solo a una. La compañía tiene que ofrecer un buen producto o un buen servicio, pero también debe existir demanda para el producto o servicio que proporciona. Asimismo, la compañía debe vender el producto o servicio a un precio adecuado; ni más alto que lo que la gente está dispuesta a pagar, ni más que el bajo costo de producción del producto o servicio. Además, debe quedarle algo de dinero como ganancia.

En forma similar, un acontecimiento puede tener una serie de efectos. Si una compañía cierra, todos los empleados pierden su empleo y todos los proveedores pierden un cliente. No obstante, estos no son todos los efectos. Es posible que los empleados y proveedores compren menos cosas porque tienen menos dinero para gastar. A su vez, las reducciones de gastos afectarán a los comercios donde solían gastar su dinero. Observe que en este ejemplo, algunos acontecimientos son a la vez efectos *y* causas. El desempleo es un *efecto* del cierre de la compañía, pero también es la *causa* de que haya menos dinero para gastar. Este tipo de relación causa-efecto se denomina **cadena causal**.

Repaso final

Antes de continuar, repase la relación causa-efecto que acaba de leer. Estudie el siguiente mapa conceptual para entender qué es una **cadena causal**.

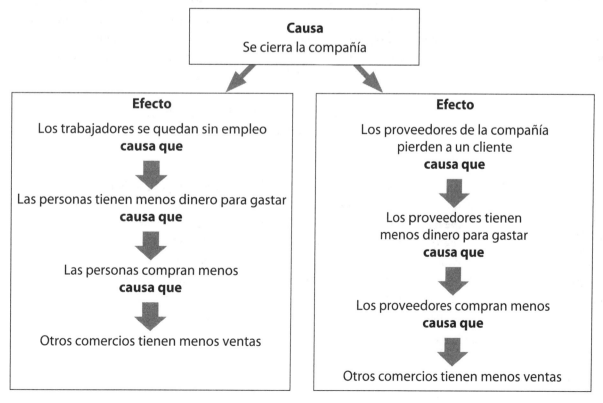

© New Readers Press. All rights reserved.

PRÁCTICA GUIADA

PRÁCTICA   **Lea el siguiente pasaje en su totalidad. Luego, lea y responda las preguntas en la columna de estrategias.**

ESTRATEGIAS

1. Después de leer este párrafo, ¿de qué piensa que tratará principalmente este pasaje? (Marque ✓ una opción).

   ☐ Causa
   ☐ Efectos

   Subraye la oración que se lo indica.

2. Este párrafo describe una cadena causal. Complete el eslabón faltante de la cadena.

   tendencia de calentamiento

   derretimiento de los casquetes polares

   _____

3. ¿Qué palabra o frase indica una relación causa-efecto entre el clima más cálido y el tiempo que tiene una semilla para crecer y madurar? Subraye la palabra o frase.

Ola de calor

1   Los científicos estiman que la temperatura de la Tierra es aproximadamente entre 5 y 9 °F más caliente ahora que lo que solía ser 10,000 años atrás. El cambio climático no es ninguna novedad; el clima del planeta ha cambiado muchas veces durante su larga historia. Sin embargo, la velocidad a la que está cambiando el clima ahora es inesperadamente rápida y eso está preocupando a los científicos. La temperatura promedio de la Tierra ha aumentado aproximadamente un grado en los últimos 100 años. Pero la mitad de este cambio se ha producido en apenas los últimos 25 años. Asimismo, la velocidad del calentamiento está aumentando. Los científicos de la Agencia de Protección Medioambiental (EPA) de Estados Unidos estimaron que si la tendencia continúa, la temperatura mundial aumentará por lo menos 1° y quizá hasta 11 °F hacia fines del siglo. Las temperaturas más elevadas podrían ocasionar una serie de efectos de amplio alcance.

2   Uno de estos efectos es el derretimiento de los casquetes polares. Las fotografías tomadas por la Administración Nacional de Aeronáutica y del Espacio (NASA) muestran que el hielo que cubre la región del Polo Norte se está reduciendo rápidamente. De hecho, los casquetes polares se han derretido más rápido en los últimos 20 años que en los 10,000 años anteriores. Si la tendencia continúa, el Ártico se quedará sin hielo durante el verano a mediados de este siglo. El derretimiento de los casquetes podría, a su vez, tener un efecto dramático en el nivel del mar. Un estudio satelital exhaustivo confirma que este derretimiento está elevando el nivel del mar a una velocidad incremental. Los niveles han aumentado entre cuatro y ocho pulgadas solo en el último siglo y la EPA estima que podría subir hasta dos pies más en los siguientes 100 años. En Estados Unidos, este cambio se percibirá más intensamente en las ciudades costeras, como San Diego, Galveston, Miami y Nueva York. Estas ciudades que se hallan al nivel del mar podrían sufrir inundaciones masivas.

3   Los cambios más importantes en el clima también podrían afectar a la agricultura. Por ejemplo, en el medio oeste de Estados Unidos, donde se cultiva una gran parte de los granos del país, un clima más cálido podría generar una cosecha más reducida. Esto significaría que disminuiría la cantidad de granos cosechados por acre de tierra. Los granos crecen más rápido en un clima más cálido; en consecuencia, las semillas tienen menos tiempo para crecer, madurar y producir plantas grandes y fuertes. Las tendencias de calentamiento también aumentarían la incidencia de inclemencias climáticas, como tormentas intensas y sequías. Esto además produciría un efecto negativo en los cultivos.

© New Readers Press. All rights reserved.

4   Si bien el clima de la Tierra siempre ha estado en proceso de cambio, la velocidad del cambio se ha acelerado debido a la acción de los seres humanos. La Tierra se está calentando porque las personas están incorporando a la atmósfera gases que retienen el calor, principalmente al quemar combustibles fósiles, como carbón, gasolina y gas natural.

5   Nadie sabe con certeza cómo afectarán estos cambios a la Tierra. Dependerá, por un lado, de cómo el planeta responda a los contaminantes que ya existen en el aire y, por otro, de si las personas optan por hacer cambios en su estilo de vida. Podemos reducir el uso de combustibles fósiles o podremos ignorar las señales de alerta y continuar viviendo como lo hacemos, jugando apuestas sobre lo que sucederá. De cualquier manera, los cambios están ocurriendo.

4. ¿Este párrafo trata principalmente sobre un efecto o una causa del calentamiento global? (Marque ✓ una opción).

☐ Causa
☐ Efecto

Subraye la palabra introductoria que se lo indica.

❖   ❖   ❖

PRÁCTICA PARA EL EXAMEN GED   Complete cada cuadro con un efecto del calentamiento global descrito en el pasaje.

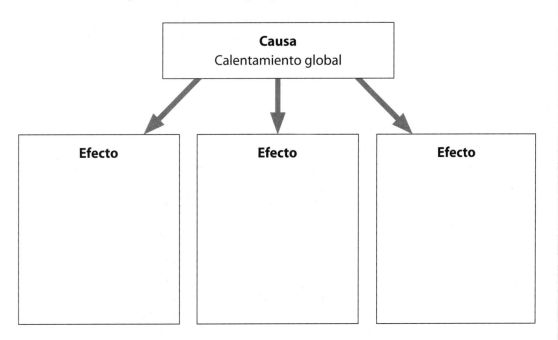

Las respuestas y explicaciones comienzan en la página 76.

© New Readers Press. All rights reserved.

PRÁCTICA Lea el pasaje. Responda las preguntas que siguen a continuación.

La ecología del bosque de secuoyas

1 Los árboles de secuoya que crecen a lo largo de la costa del norte de California y el sur de Oregon son los más altos del mundo. Llegan a alcanzar los 360 pies, la altura de un edificio de 35 pisos. Además, son árboles que viven muchos años. De hecho, los científicos creen que los árboles más viejos que conocemos han vivido más de 2,000 años. Si bien el tamaño y la antigüedad de estos árboles los hacen fascinantes, la ecología de las antiguas secuoyas es también interesante.

2 Las secuoyas crecen en un entorno único a lo largo de la costa, que se caracteriza por una niebla frecuente y densa. Esta niebla contribuye a crear las condiciones que posibilitan que estos árboles gigantes sobrevivan y crezcan muy altos y por mucho tiempo. Cuando la niebla se dirige hacia el bosque, se condensa o es recogida en el follaje de las secuoyas. Los árboles absorben parte de esta agua a través de sus hojas, que tienen forma similar a una aguja. El resto del agua gotea hacia las ramas más bajas y hacia el suelo. La niebla proporciona hasta el 45 por ciento del agua usada cada año por los árboles.

3 El verano es la época más seca del año en esta región. Como las secuoyas absorben la humedad de la niebla, otras plantas y animales prosperan en el área. La humedad de la niebla capturada por las secuoyas suministra dos tercios del agua usada por los árboles, arbustos y otras plantas que crecen alrededor de estos enormes árboles. La niebla genera un entorno en el que las secuoyas pueden sobrevivir y, por su parte, los árboles mejoran las condiciones haciendo posible que otros seres vivos también sobrevivan.

4 Dentro de este entorno tan especial, ocurre algo más en el follaje o la copa de los árboles de secuoya. Los árboles pierden alrededor de un tercio de su follaje cada año. Parte de ese follaje perdido cae sobre las ramas inferiores y permanece allí. Lentamente, el follaje se pudre y crea un rico suelo. Las plantas epífitas crecen en este suelo. Esta especie de planta crece sobre otras, en lugar de arraigarse en la superficie. Como las secuoyas viven tanto tiempo y crecen tanto, proporcionan un suelo para grandes comunidades de plantas que viven a cientos de pies de altura en la copa de los árboles. Entre estas plantas se encuentran diversos tipos de helechos y hongos. Incluso crecen algunos arbustos y árboles allá arriba.

© New Readers Press. All rights reserved.

5   Estas grandes comunidades vegetales también crean un entorno para determinados animales. Escarabajos, grillos, lombrices y milpiés buscan su hogar en el suelo y las plantas que crecen en el follaje. Incluso anfibios, como los tritones y las salamandras, viven y se crían en los árboles. Allí también viven roedores, murciélagos y otros mamíferos. Por supuesto, también hay numerosas aves en el follaje, como halcones, búhos, águilas calvas, garcetas y garzas ceniza.

6   Para mediados del siglo XIX, los bosques de secuoyas cubrían alrededor de 2 millones de acres en Oregon y California. Luego, las compañías forestales descubrieron los árboles y los talaron indiscriminadamente. Hoy en día, solo queda el cuatro por ciento de los bosques originales. Algunos están volviendo a crecer. Sin embargo, los árboles jóvenes en estos bosques no son lo suficientemente grandes o antiguos para crear el entorno especial que se halla entre los árboles más viejos. En consecuencia, la tierra ha cambiado. El suelo está más seco y los arroyos tienen menos agua. Por ello, las plantas y animales que prosperan en los bosques de las antiguas secuoyas no lo hacen tan bien en las nuevas secuoyas.

PRÁCTICA PARA EL EXAMEN GED   Encierre en un círculo la letra de la opción que responde correctamente cada pregunta.

1. **¿Cuál es la causa del crecimiento inusual de las secuoyas?**
   A. los veranos secos
   B. la niebla frecuente
   C. el follaje que se cae
   D. las densas copas de los árboles

2. **¿Cómo se explica por qué las secuoyas pueden sostener las epífitas?**
   A. El follaje de los árboles cae sobre sus ramas, se pudre y forma suelo.
   B. Diferentes tipos de helechos y hongos crecen y crean follaje en la copa de los árboles.
   C. Los escarabajos y las lombrices enriquecen el suelo haciéndolo propicio para la vida vegetal.
   D. El grueso follaje filtra la luz solar y protege las plantas del calor intenso.

3. **¿Cuáles son los efectos de la pérdida de los antiguos árboles de secuoya?**
   A. Hay más animales, pero menos plantas.
   B. Los tritones y las salamandras ahora viven en la superficie.
   C. No hay más follaje por lo que las aves han abandonado el bosque.
   D. El suelo está más seco y los arroyos tienen menos agua.

Las respuestas y explicaciones comienzan en la página 76.

© New Readers Press. All rights reserved.

Lenguaje: significado y tono

REPASO DE HABILIDADES

Algunas preguntas en el examen GED pueden pedirle que elija la definición correcta de una palabra. Otras podrán preguntarle sobre la elección de palabras que hizo el autor y el efecto que esa decisión produce sobre el significado. Esta lección le ayudará a responder estos tipos de preguntas. Le explica un método que puede usar para descifrar el significado de las palabras e incluye prácticas para identificar los efectos de las palabras que usa un autor.

Claves de contexto

Cuando un texto contiene una palabra que usted no conoce, observe las palabras y frases a su alrededor para ver si le sugieren lo que significa esa palabra. Estas sugerencias, o **claves de contexto**, le pueden ayudar a descifrar la definición de una palabra desconocida. Fíjese si puede usar las claves de contexto subrayadas en el siguiente pasaje para definir la palabra *dócil*.

> El hacendado podía ver que el niño estaba asustado y lo entendía. Recordó cómo se sintió al subirse a un caballo por primera vez. Por este motivo, había elegido al caballo más dócil para el niño: el <u>Dulce</u> Jim. Este caballo <u>de buen temperamento</u> siempre había sido <u>el más obediente de todos</u>.

Si cree que dócil significa "manso", "obediente" o "gentil", está en lo cierto. La situación sugiere que el hacendado elige un caballo que sea fácil de manipular y las claves del contexto indican que el caballo que eligió era gentil, de buen temperamento y obediente, es decir, *dócil*.

Denotación y connotación

Hasta ahora, se ha centrado en la **denotación**, el significado literal o la "definición del diccionario" de una palabra. Pero muchas palabras tienen otra capa de significado: la **connotación** o las sensaciones que se asocian con la palabra. Por ejemplo, supongamos que desea describir un día soleado de 85 °F. Si le gusta esta temperatura, podría usar la palabra *tibio* o "agradablemente tibio" para describir el estado del tiempo. Las connotaciones positivas de *tibio* trasmitirían su actitud positiva. En cambio, si le desagrada la temperatura, podría usar la palabra *sofocante* para trasmitir sensaciones negativas de tener mucho calor. Si no siente de una o de otra manera, podría usar la palabra neutral *caluroso* para describir el día. Las tres palabras —*tibio*, *caluroso* y *sofocante*— tienen una denotación similar, pero sus connotaciones son muy diferentes.

El siguiente cuadro le da otros ejemplos de diferencias en las connotaciones de palabras similares.

Positivo	Neutral	Negativo
menudo	pequeño	flaco
aroma	olor	hedor
jovial	joven	aniñado

© New Readers Press. All rights reserved.

Tono

Como ha visto, la connotación de las palabras que usan las personas puede revelar sus actitudes con respecto a determinados temas. La actitud que trasmite un autor al escribir se denomina **tono.** Cuando lea, intente "escuchar" el tono del autor. Piense en la elección de palabras del autor e imagínese cómo sonaría si él leyera el texto en voz alta. Inténtelo al leer el siguiente pasaje.

> El día del tornado estaba inusualmente cálido. La gente que vive en el medio oeste rara vez comienza el día con una temperatura de 65 grados en febrero. A medida que transcurrió el día, la temperatura subió y la gente comenzó a sentirse inquieta. Estaba *demasiado* cálido; resultaba difícil respirar. Y también estaba demasiado quieto. ¿Dónde estaba la brisa? Alrededor de las 2 p. m., el cielo adquirió un color verde pálido. El aire se hizo denso; la gente sentía como si unas manos invisibles las estuvieran aplastando. La inquietud se transformó en miedo.

El tono del pasaje se podría describir como ominoso, temeroso, tenso o preocupante. Las palabras y frases que ayudan a trasmitir este tono incluyen *inquieta; demasiado cálido; difícil respirar; demasiado quieto; pálido; unas manos invisibles las estuvieran aplastando;* y *miedo.*

> **¡ATENCIÓN!**
>
> *El objetivo de pasajes evidentemente informativos, como los artículos de una enciclopedia, es trasmitir información de una manera tan clara y objetiva como sea posible. En este tipo de pasajes, los autores evitan intencionalmente expresar algún tipo de emoción. El tono de este tipo de pasajes se puede describir como "objetivo" o "serio".*

Repaso final

Antes de continuar, repase lo que aprendió sobre el significado de las palabras y el tono.

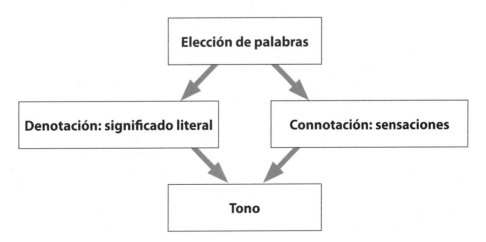

© New Readers Press. All rights reserved.

PRÁCTICA GUIADA

PRÁCTICA Lea el siguiente pasaje en su totalidad. Luego, lea y responda las preguntas en la columna de estrategias.

ESTRATEGIAS

1. ¿Qué significa *pasajeras* en este párrafo? (Marque ✓ una opción).

   ☐ serias
   ☐ temporales

   ¿Qué claves le ayudan a descifrar el significado? Subráyelas.

2. ¿Qué palabras usa el autor para describir el río Mississippi? Subráyelas. ¿Cuál es la connotación de estas palabras? (Marque ✓ una opción).

   ☐ positiva
   ☐ neutral
   ☐ negativa

Fragmento de "Viejos tiempos en el Mississippi"
por Mark Twain

1   Cuando yo era niño, mis amigos del pueblo, situado a la orilla occidental del Mississippi, solo tenían una aspiración de carácter permanente, la de ser tripulantes de algún barco de vapor. Teníamos otras aspiraciones, además, de cuando en cuando, pero eran pasajeras. Cuando llegaba y se marchaba un circo, todos quedábamos ardiendo en deseos de hacernos payasos; la primera compañía de cómicos negros que llegó a nuestra comarca, nos dejó apesadumbrados de ansia de seguir aquel género de vida; de vez en vez, concebíamos la esperanza de que, si vivíamos y éramos buenos, Dios nos permitiría hacernos piratas. Todas estas aspiraciones se fueron desvaneciendo una por una; pero jamás, la de llegar algún día a ser tripulantes de un vapor.

2   ... Al cabo de tantos años, soy capaz de imaginarme aquellos viejos tiempos como si fuera hoy: la blanca aldea amodorrada al sol de la mañana estival; las calles casi completamente solitarias; uno o dos dependientes de comercio, sentados ante las tiendas de la Calle del Agua, en sus sillas de tijera apoyadas contra la pared, con la barbilla hundida en el pecho y el sombrero echado sobre la cara, dormidos... una marrana con su camada del lechoncillos, merodeando por la acera y dando buena cuenta de la mondas y pepitas de sandía;... el gran Mississippi, el majestuoso y grandioso Mississippi, rizando su corriente de una milla de ancho, centelleando al sol... De pronto, surge por encima de una de estas "puntas" remotas, una bruma de humo oscuro; inmediatamente, un carromatero negro, famoso por su vista de lince y su prodigiosa voz, alza el grito de: "¡V-a-p-o-r a la vista!"... En un abrir y cerrar de ojos, la muerta población resucita y se pone en movimiento. Carros, carretas, hombres, muchachos, todo el mundo se precipita desde distintas partes sobre un centro común, el puerto. Agolpados allí, clavan los ojos en el barco que se acerca, como si se tratase de un portento que iban a contemplar por primera vez. Y a fe que el barco constituye un hermoso espectáculo para la vista. Es largo, apuntado, adornado y bonito; tiene dos elevadas y ornamentadas chimeneas, con algo dorado que cuelga entre ellas; una timonera de fantasía, toda cristal y galas chillonas, encaramada sobre la cubierta, llamada "texas", donde están los camarotes de la oficialidad; los tambores para las ruedas de paletas lucen vistosas pinturas o rayos de oro que se elevan por encima del nombre de la embarcación; la cubierta de la caldera, la más alta, o "de los huracanes", y la "texas" ostentan sus barandillas y blancas balaustradas ornamentales; en el bauprés se divide una airosa bandera tremolante; las compuertas de los hornos están abiertas y las hogueras llamean crepitantes; las cubiertas superiores están oscurecidas de pasajeros; el capitán se yergue junto a la gran campana, sereno, imponente, dando envidia a todos; las chimeneas vomitan grandes masas de humo negrísimo, retorcido y tempestuoso —efecto grandioso logrado fácilmente con unos haces de pino resinoso, encendidos en el momento de llegar a la población; agólpase en el castillo de proa la tripulación; todo el espectáculo gravita ahora hacia la proa, y en el

© New Readers Press. All rights reserved.

mismo tajamar destaca la figura pintoresca de un marinero, envidiado por todos, que empuña un rollo de cuerdas; el vapor comprimido silba por las aperturas de escape; el capitán levanta la mano, suena una campana, detiénense las ruedas; luego giran hacia atrás produciendo en el agua un torbellino de espuma, y el vapor queda inmóvil. Entonces se arma el gran barullo, al tratar unos de subir a bordo y otros de bajar a tierra, y al proceder a la carga y a la descarga de las mercancías al mismo tiempo; ¡todo entre el griterío y las maldiciones de los marineros para acabar más pronto! Diez minutos después, el vapor está otra vez en marcha, sin bandera en el bauprés, ni humo negro brotando de las chimeneas. Otros diez minutos más, y la aldea queda muerta de nuevo...

PRÁCTICA PARA EL EXAMEN GED Vuelva a leer la descripción del barco de vapor y su llegada al pueblo. ¿Qué palabras y frases le ayudan a entender el tono o la actitud del autor hacia el barco a vapor y su llegada? Escríbalas en el primer cuadro. ¿Qué tono crean estas frases y palabras? Describa el tono en el segundo cuadro.

Frases y palabras	Descripción del tono

Las respuestas y explicaciones comienzan en la página 76.

© New Readers Press. All rights reserved.

PRÁCTICA Lea el pasaje. Responda las preguntas que siguen a continuación.

Fragmento de "La historia de un testigo"
por Jack London
Publicado en *Collier's Weekly,* 5 de mayo de 1906

1   El terremoto derribó en San Francisco centenares de miles de dólares en muros y chimeneas. Pero la conflagración que siguió quemó inmuebles por el valor de cientos de millones de dólares. No hay estimaciones certeras respecto a estos centenares de millones. Nunca una moderna ciudad imperial había sido destruida tan completamente. San Francisco ya no existe. No queda nada de ella más allá de recuerdos y las siluetas de algunas casas en las afueras. Las fábricas y talleres, los grandes comercios y edificios de prensa, los hoteles y palacios de los pudientes, todo ha desaparecido. Quedan solo las siluetas de algunas casas en las afueras.

2   Menos de una hora después de que golpeara el terremoto, el humo que desprendía San Francisco en llamas formaba una espeluznante torre visible a cientos de millas. Y durante los siguientes tres días y sus noches esa espeluznante torre se balanceó en el cielo, enrojeciendo el sol, oscureciendo el día e inundando el terreno de humo.

3   El terremoto llegó el miércoles por la mañana, a las cinco y cuarto. Un minuto después las llamas se elevaban en una docena de barrios distintos al sur de Market Street, en la zona proletaria, y en las fábricas, donde el fuego había empezado. No hubo nada que detuviera las llamas. No hubo organización ni comunicación. Todas las astutas instalaciones de una ciudad del siglo XX han sido destruidas por el terremoto. Las calles se han levantado formando montículos y depresiones, y están cubiertas de escombros de muros derribados. Los rieles de acero se han doblado formando ángulos perpendiculares y horizontales. Los sistemas de teléfono y telegrafía se han visto interrumpidos. Y la red de suministro de agua ha reventado. Todos los inteligentes inventos y salvavidas de los hombres han sido puestos fuera de servicio por una sacudida de treinta segundos de la corteza terrestre.

El fuego ha realizado su propia selección

4   Para el miércoles por la tarde, en solo doce horas, la mitad del corazón de la ciudad había desaparecido. A esa hora vi el enorme incendio desde la bahía. Había una calma mortecina. No soplaba ni una ráfaga de viento. Sin embargo, desde todas partes el viento azotaba a la ciudad. Este, oeste, norte y sur, fuertes vientos soplaban sobre la ciudad condenada. Al ascender, la masa de aire caliente conseguía un enorme efecto chupón. Así, el fuego mismo construía su propia y colosal chimenea a través de la atmósfera. Día y noche esta calma mortecina continuaba, y aún cerca de las llamas, el viento era casi un vendaval...

© New Readers Press. All rights reserved.

5   A lo largo de la noche, decenas de miles de personas que habían perdido sus casas huían de las llamas. Algunos iban envueltos en mantas. Otros llevaban fardos de ropa de cama y sus queridos tesoros caseros. Algunas veces una familia entera arrastraba una carreta de reparto que estaba repleta con sus posesiones. Cochecitos de niño, carretas de juguete y carros eran usados como camiones de carga, mientras que otra persona arrastraba un baúl. Sin embargo todos se veían benévolos. La cortesía en grado sumo. Nunca en toda la historia de San Francisco, su gente había sido tan amable y cortés como en esa noche de terror...

PRÁCTICA PARA EL EXAMEN GED   Encierre en un círculo la letra de la opción que responde correctamente cada pregunta.

1. **¿Cuál de las siguientes definiciones corresponde mejor al uso de la palabra *imperial* en el párrafo 1?**

    A. real
    B. grande
    C. política
    D. magnífica

2. **¿Cuál de las siguientes definiciones corresponde mejor con el uso de la palabra *benévolos* en el párrafo 5?**

    A. religiosos
    B. agradecidos
    C. considerados
    D. curiosos

3. **¿Cuál de las siguientes palabras describe el tono general del pasaje?**

    A. de enojo
    B. de emoción
    C. objetivo
    D. desesperado

Las respuestas y explicaciones comienzan en la página 76.

© New Readers Press. All rights reserved.

REPASO ACUMULATIVO

Lea el pasaje. Responda las preguntas que siguen a continuación.

La peste negra

1   La peste negra arrasó con el mundo en el siglo XIV, acabando con la vida de millones de personas y animales. Hoy en día, conocemos a la peste negra como la peste bubónica. También sabemos qué causa la enfermedad y cómo se contagia. Una bacteria con forma de vara llamada *yersinia pestis* vive en los animales portadores —en general, roedores, como ratas o ardillas de tierra— y luego es trasmitida entre los animales mediante las pulgas. Cuando las pulgas pican y succionan la sangre de una rata, ardilla u otro animal infectado, ingieren la bacteria conjuntamente con la sangre. Las pulgas infectadas trasmiten luego la bacteria a cualquier animal o ser humano que piquen. Una única bacteria es suficiente para infectar a un animal o persona. Por supuesto que en el siglo XIV estos hechos eran desconocidos. La falta de conocimiento acerca de la peste empeoraba aún más esta terrible situación.

2   Muchos historiadores sostienen que la epidemia del siglo XIV se inició en el desierto de Gobi en China, un nexo del comercio mundial. Las caravanas que comerciaban productos entre China, Europa y otras partes del mundos se transformaron en las portadoras involuntarias de ratas y pulgas infectadas por la peste. En pocos años, la peste se propagó a India, Siria y Mesopotamia y para 1346, al puerto de Cafa del mar Negro, en el territorio que hoy pertenece a Ucrania.

3   Desde Cafa, una importante ciudad comercial, los barcos provenientes de Génova, Italia, viajaron en 1347 a la ciudad portuaria de Mesina, Sicilia, al sur de la costa italiana. Durante el trayecto, muchos miembros de la tripulación se habían enfermado y habían muerto. Muchos de los marineros que todavía estaban vivos, habían sido infectados y estaban agonizando. Michele de Piazza, un fraile franciscano, los describió como si "la enfermedad se estuviera aferrando a sus huesos". Los funcionarios del gobierno de la ciudad, alarmados por la misteriosa enfermedad, pusieron a las embarcaciones en cuarentena por algunos días. Claramente, esta medida preventiva no funcionó; las ratas infectadas escaparon por las cuerdas de amarre que sujetaban a las embarcaciones al puerto y lograron desembarcar. Sin embargo, en esa época nadie sabía cómo se contagiaba la enfermedad. La peste se expandió rápidamente a otras ciudades portuarias y luego al resto del territorio continental de Italia con resultados devastadores. La población de ciudades enteras fue aniquilada. En total, aproximadamente la mitad de los habitantes de Italia murieron.

© New Readers Press. All rights reserved.

4   Siguiendo las rutas comerciales, la peste negra rápidamente arrasó con el norte. Llegó a París en la primavera de 1348, a Inglaterra en septiembre, y a Europa del este para 1350. Puesto que la ciencia médica de la época era tan primitiva, las explicaciones sobre las causas de la peste eran erróneas. Algunos funcionarios pensaban que la enfermedad se contagiaba por el olor de la muerte, por lo que la gente quemaba incienso o sumergía pañuelos en fragancias para colocárselos sobre el rostro. Los médicos en París advertían a la gente que no comieran aves, cerdo o pescado, y que no hicieran demasiado ejercicio. En otras ciudades, se ponían en cuarentena las casas de los enfermos y las embarcaciones que llegaban al puerto, sin mucho éxito.

5   Para 1351, la peste negra se había difundido por toda Europa; en tres años, había matado entre el 25 y 50 por ciento de la población europea. En China, la epidemia continuó durante gran parte del siglo XIV y en total, ese país perdió alrededor de un tercio de su población. Más tarde, con la misma rapidez con la que había llegado, la peste negra desapareció, al menos temporalmente.

6   A través de todas las épocas, la enfermedad ha regresado periódicamente, produciéndose brotes repetidos a menor escala en el siglo XV y XVI. En 1665, una terrible epidemia arrasó a Londres y mató aproximadamente a 100,000 personas. La peste bubónica también ocurrió en los Estados Unidos y las últimas epidemias azotaron a Los Ángeles en 1924 y 1925. Al día de hoy, un promedio de siete casos de la peste surgen en los Estados Unidos cada año. A nivel mundial, se reportan entre 1,000 y 2,000 casos al año a la Organización Mundial de la Salud (OMS). Indudablemente, el tratamiento médico moderno para la peste es mucho más efectivo que las medidas que las personas tomaban en el pasado. En la actualidad, si la enfermedad se diagnostica lo suficientemente temprano, una sencilla serie de antibióticos es suficiente para curar al enfermo. Solo aproximadamente el 10 por ciento de los infectados con la peste mueren a causa de la enfermedad.

© New Readers Press. All rights reserved.

1. **¿Cuál es la idea principal del pasaje?**

    A. La peste bubónica todavía es una amenaza en muchas partes del mundo.

    B. La peste negra comenzó en el desierto de Gobi y luego se extendió directamente a Europa.

    C. La falta de conocimiento científico acerca de la peste bubónica empeoraba más la situación.

    D. La gente usó diversas maneras para protegerse de la peste negra, por ejemplo, quemando incienso.

2. **¿Por qué el autor da información sobre la cantidad de personas que murieron en Italia a causa de la peste?**

    A. para respaldar la afirmación de que la peste tuvo resultados devastadores

    B. para mostrar la negligencia del gobierno italiano para proteger a las personas de la peste

    C. para dar una base de comparación para el número de muertes relacionadas con la peste en Italia y China

    D. para brindar evidencia de que el programa de cuarentena de Italia fue exitoso al reducir la tasa de mortalidad

3. **¿Qué puede inferir el lector del pasaje?**

    A. La peste se expandió a París luego de que se llevara carne infectada hasta esta ciudad.

    B. El clima seco del desierto de Gobi provocó el brote de la peste allí.

    C. Las caravanas viajaban a través del desierto de Gobi, en lugar de atravesar la ciudades, para evitar la peste.

    D. La peste se volvió una epidemia mundial porque los comerciantes contagiaban la enfermedad a medida que viajaban.

4. **¿Cuál fue la causa principal del contagio de la peste en el siglo XIV?**

    A. la falta de alimentos nutritivos

    B. las picaduras de pulgas infectadas

    C. los microbios en el agua sucia

    D. la mala atención médica

5. **¿Hacia qué lugar se difundió la peste primero después del brote inicial en el desierto de Gobi?**

    A. India

    B. París

    C. Inglaterra

    D. Cafa

6. **¿Qué definición se corresponde mejor con el uso de la palabra "ingieren" en el párrafo 1?**

    A. pican

    B. infectan

    C. absorben

    D. tragan

7. **¿Qué palabra describe mejor el tono general del pasaje?**

    A. sorprendente

    B. furioso

    C. serio

    D. sarcástico

8. **¿Cuál de las siguientes oraciones expresa un contraste significativo entre el brote de la peste en el siglo XIV y los brotes de hoy en día?**

    A. Los brotes de hoy en día por lo general están limitados a Estados Unidos.

    B. La tasa de mortalidad actual es considerablemente menor gracias a los antibióticos.

    C. Las causas de la peste bubónica de hoy en día son diferentes a las causas del pasado.

    D. Los brotes de hoy en día suelen afectar a mayores cantidades de personas que los brotes del siglo XIV.

Las respuestas y explicaciones comienzan en la página 76.

© New Readers Press. All rights reserved.

LECTURA DE TEXTOS DE FICCIÓN

En el examen de Razonamiento a través de las Artes del Lenguaje de GED, se le pedirá que lea y responda preguntas sobre **textos de ficción** u obras que son el producto de la imaginación del autor. Los cuentos y las novelas son ejemplos de textos de ficción y podría encontrarse con ambos tipos de texto en el examen de razonamiento a través de la lengua y la literatura, aunque en muchos casos leerá un **fragmento** o selección breve de una obra más larga.

A diferencia de los textos informativos, que tratan sobre personas, lugares, cosas y acontecimientos reales, la ficción trata generalmente sobre personas ficticias, denominadas **personajes;** lugares ficticios, llamados **escenarios;** y una secuencia de acontecimientos imaginarios, llamada **argumento.** El objetivo principal de la ficción es entretener. Sin embargo, la ficción puede ofrecer un conocimiento profundo de la vida y las experiencias humanas.

> A medida que trabaje en esta sección, aprenderá a:
> - identificar conflictos en las historias;
> - reconocer las partes del argumento de una historia;
> - analizar la personalidad y motivaciones de los personajes;
> - determinar el tema o la lección moral que se analiza en la historia;
> - entender los diferentes tipos de lenguaje figurado.

Aprender estas habilidades le ayudará a leer textos de ficción con una mayor comprensión y responder las preguntas relacionadas con más confianza.

© New Readers Press. All rights reserved.

Argumento

© New Readers Press. All rights reserved.

REPASO DE HABILIDADES

En el examen de Razonamiento a través de las Artes del Lenguaje de GED, se le podrá preguntar sobre la estructura de una historia: qué sucede, cuándo y por qué. En esta lección, aprenderá un patrón que muchos autores siguen para estructurar sus historias. Al entender este patrón, será capaz de identificar y entender los principales acontecimientos de una historia.

Tipos de conflicto

En el centro de cada historia existe un **conflicto**, o una lucha entre fuerzas opuestas. El conflicto puede ser tan emocionante como un grupo de agentes que luchan para capturar a los espías enemigos o tan conmovedor como un hombre que ha quedado viudo recientemente y se debate entre decidir si él o su madre criará a su hija. En toda historia, existe algo que se interpone a la felicidad o bienestar de un personaje, y la lucha del personaje para superar ese obstáculo es precisamente el conflicto. La siguiente tabla explica los cuatro tipos de conflicto que se suelen encontrar en las historias.

Tipo de conflicto	Descripción	Ejemplo
Entre dos personas	Personas que tienen metas opuestas.	Un padre que quiere que su hijo vaya a la universidad; el hijo quiere trabajar.
Entre una persona y la naturaleza	Una persona lucha contra una fuerza de la naturaleza, como un huracán, o un acontecimiento natural, como una enfermedad.	Un hombre lucha por sobrevivir luego de que el avión donde viajaba se estrella durante una tormenta de nieve.
La persona contra sí misma	Una persona lucha para superar un problema psicológico o un dilema.	Una mujer alcohólica busca ayuda para superar su adicción.
Entre una persona y la sociedad	Una persona hace valer sus creencias.	La gente protesta cuando el gobierno de una ciudad planifica construir un estacionamiento cerca de una reserva natural.

Partes de un argumento

El conflicto es importante porque lo que conduce el **argumento** de una historia, es decir, la serie de acontecimientos interrelacionados que se desarrollan en la historia. Tradicionalmente, el argumento tiene una estructura de cinco partes. La primera es la **exposición,** o antecedentes que presentan los personajes y el escenario, y pueden dar una idea del conflicto que surgirá. El siguiente pasaje es el comienzo de un cuento. Piense en el escenario que se plantea.

> Esa mañana de primavera, el cielo estaba gris y el mar, un poco agitado. No era el tiempo perfecto para ir de pesca, pero Miguel y José habían salido en condiciones mucho peores. Se fijaron en el pronóstico del tiempo y advertía que habría tormentas por la tarde, pero para entonces ya habrían regresado. No podían darse el lujo de no ir a pescar. Necesitaban el dinero. Se embarcaron en el pequeño bote y lo llenaron con algunas provisiones: un recipiente donde almacenarían el pescado, una hielera con botellas de agua y algunos sándwiches, y los chalecos salvavidas. Así salieron hacia el mar.

La exposición presenta a los personajes del cuento (Miguel y José) y el escenario (primavera, algún lugar del mar). La exposición también da claves sobre un posible conflicto: el mal tiempo.

La segunda parte del argumento es la **tensión dramática creciente,** cuando se generan tensiones a medida que se desarrolla el conflicto. Observe cómo se intensifica el conflicto para Miguel y José durante el crecimiento de la tensión dramática.

> Alrededor del mediodía, el viento comenzó a soplar más fuerte y el cielo se puso de un color gris plomizo. "Parece que la tormenta llegará un poco más temprano de lo previsto", dijo Miguel. "Sí, creo que deberíamos regresar", contestó José. Poco después, la tormenta los azotó como una venganza. El bote se sacudió fuertemente y cada ola que lo alcanzaba lo golpeaba, lo levantaba, lo aventaba y lo dejaba caer. Cuando los hombres se esforzaban por tomar sus chalecos salvavidas, los alcanzó una ola gigante. El bote dio un vuelco y los hombres fueron arrojados al mar.

La tercera parte de un argumento tradicional es el **clímax,** cuando el conflicto alcanza su punto más alto. Durante este punto crucial en la historia, ocurre algo que cambia el curso de los acontecimientos.

> ¿Cuánto tiempo había pasado? Miguel sentía como si hubiera estado sujetándose de la hielera durante días. Nunca se había sentido tan solo. No tenía idea de lo que le había ocurrido a José y tenía mucho frío. Miguel había estado en el agua por horas. Sabía que no podía aguantar por mucho más tiempo. Cerró los ojos, pensó en su familia y comenzó a sumergirse en un sueño profundo. Lentamente, sus dedos soltaron la hielera. Comenzó a soñar y soñar, y escuchaba que alguien lo llamaba por su nombre...

Las últimas partes del argumento son el **desenlace,** cuando el conflicto se resuelve totalmente, y la **resolución,** cuando se revela el resultado final del conflicto.

> "¡Miguel! ¡Miguel!". Era José y no se trataba de un sueño. Era real. Miguel apenas sonrió de cansancio cuando los rescatistas lo sacaron del agua. José tomó su mano. "¿Estás bien, compañero?". Esa noche, los hombres se dieron cuenta de que habían sido afortunados. Y prometieron que, de ahora en adelante, se pondrían sus chalecos salvavidas *antes* de dejar la orilla.

> **¡ATENCIÓN!** *No todas las historias tienen cinco partes. Algunas finalizan con el clímax o con el desenlace. Además, muchos cuentos contemporáneos tienen un argumento secundario, que es una historia menos importante que se relaciona con el argumento principal.*

Repaso final

Antes de continuar, lea el siguiente mapa conceptual donde se muestran las cinco partes de un argumento.

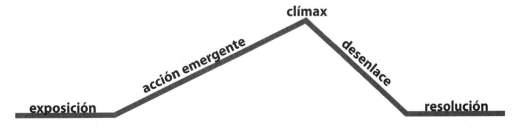

© New Readers Press. All rights reserved.

PRÁCTICA GUIADA

© New Readers Press. All rights reserved.

PRÁCTICA   Lea el siguiente pasaje en su totalidad. Luego, lea y responda las preguntas en la columna de estrategias.

ESTRATEGIAS

1. ¿Qué conflicto se introduce en este párrafo? Subraye las oraciones que responden la pregunta.

2. ¿Qué acciones hacen que el conflicto se intensifique? Subráyelas.

3. ¿Qué parte del argumento de la historia se desarrolla en este párrafo? (Marque ✓ una opción).

   ☐ exposición
   ☐ acción emergente
   ☐ clímax

4. ¿Qué desenlace se produce aquí? Subraye las oraciones que responden la pregunta.

El mito de las Pléyades de los cherokee

1   Cuando la Tierra apenas había nacido, siete niños cherokee se pasaban todo el tiempo jugando a un juego llamado *gatayu'sti* junto a su casa. El juego consistía en hacer rodar una piedra en forma de disco por el suelo y luego golpearla con un palo. A los niños les encantaba el juego y pasaban jugando más tiempo del que se les permitía. De hecho, los niños estaban tan absortos en él que no hacían las tareas ni ayudaban a sus familias a cultivar maíz para tener alimento. Sus madres los regañaban, pero los niños no obedecían.

2   Finalmente, las madres se fastidiaron muchísimo con el comportamiento de los niños y decidieron darles una lección. Juntaron piedras de *gatayu'sti*, las pusieron con el maíz en la olla de la cena y se las sirvieron a los niños con el maíz. Cuando los niños se quejaron, las madres respondieron: "Como les gusta tanto su juego de *gatayu'sti* y se olvidan de sus familias, ahora no solo lo pueden jugar, sino que también se lo pueden comer". Los niños se enfurecieron.

3   Los niños salieron corriendo y comenzaron a bailar frenéticamente en un círculo alrededor de la casa. Comenzaron a bailar cada vez más y más rápido, quejándose todo el tiempo de cómo sus madres los habían tratado y orando a los espíritus para que los ayudaran. Mientras tanto, las madres comenzaron a sentirse culpables, por lo que se reunieron a hablar de la situación con sus hijos y reconciliarse con ellos. Cuando las madres llegaron, los niños todavía estaban haciendo ese salvaje baile en círculo. Pero algo más estaba sucediendo, algo que era sorprendente. Los niños se estaban elevando lentamente en el aire. Con cada vuelta que daban, se elevaban cada vez más. Las madres se apresuraron para ir a agarrar a los niños, pero todos ellos, menos uno, estaban demasiado altos para alcanzarlos.

4   Lentamente, los niños ascendieron más y más alto hasta que alcanzaron el cielo. Allí, se convirtieron en un grupo de estrellas que los cherokee llaman *Ani'tsutsa* y que significa "los niños". Estas estrellas están todavía allí. La mayoría de la gente las conoce como las Pléyades.

5 El único niño que fue atrapado por su madre cayó tan fuerte que se hundió en la tierra y desapareció de la vista. Pero muy pronto, desde el lugar donde había desaparecido, comenzó a crecer una planta verde que fue creciendo cada vez más hasta convertirse en un pino. Y los vastos bosques de pinos de las montañas crecieron a partir de ese primer árbol.

5. ¿Cómo se resuelve el conflicto final? Subraye las oraciones que responden la pregunta.

PRÁCTICA PARA EL EXAMEN GED Lea cada acontecimiento de la historia a continuación. Luego, escriba cada evento en la casilla correspondiente.

- Un bosque de pinos crece a partir del lugar donde cayó el último niño.
- Las madres ponen piedras de *gatayu'sti* en la comida de los niños.
- Los niños bailan tan frenéticamente que comienzan a elevarse hacia el cielo.
- Los niños juegan tanto tiempo al juego de *gatayu'sti* que se olvidan de hacer sus tareas.
- Los niños se convierten en una constelación de estrellas.

1. Exposición
2. Acción emergente
3. Clímax
4. Desenlace
5. Resolución

Las respuestas y explicaciones comienzan en la página 77.

© New Readers Press. All rights reserved.

© New Readers Press. All rights reserved.

PRÁCTICA **Lea el pasaje. Responda las preguntas que siguen a continuación.**

La leyenda del búfalo

Durante muchas generaciones, la tribu de los pies negros ha contado la siguiente leyenda. Han vivido en Estados Unidos por miles de años y, durante gran parte de ese período, dependieron de los búfalos para alimentarse y obtener otros artículos esenciales. Antes de tener caballos, los indígenas pies negros mataban a los búfalos provocando una estampida y haciéndolos caer por un risco.

1   Hace mucho tiempo, los pies negros no lograban provocar una estampida de búfalos para hacerlos caer por un risco. La gente comenzó a desesperarse. Si no tenían carne de búfalo, muy pronto morirían de hambre. Luego, una de las jóvenes vio a una manada de búfalos paciendo en las cercanías. Les cantó suavemente y les pidió que se ofrecieran como alimento para que su pueblo pudiera sobrevivir. A cambio, prometió casarse con el macho más poderoso. Los animales respondieron y saltaron al vacío. Solo un enorme búfalo quedó con vida. Se acercó a la joven y le exigió que se convirtiera en su esposa. Cuando se resistió, le mostró a sus parientes muertos que habían sacrificado sus vidas para alimentar a su pueblo. Recordando su promesa, la joven se fue con el búfalo.

2   Los pies negros comenzaron a destazar a los búfalos y a secar su carne para poder tener alimento durante el próximo invierno. Pero cuando el padre de la joven descubrió que su hija había desaparecido, salió a buscarla. El padre la buscó hasta que quedó completamente exhausto. Estaba desesperado porque creía que jamás volvería a ver a su hija. De repente, vio a una urraca. Casi perdiendo toda esperanza, le pidió ayuda al ave para encontrar a su hija. La urraca levantó vuelo y poco después encontró a la joven entre una manada de búfalos. La urraca le informó que su padre la estaba buscando.

3   La joven estaba aterrorizada. Se dio cuenta de que si la manada de búfalos veía a su padre, lo matarían. Entonces esperó hasta que su esposo, el búfalo, se quedara dormido y escapó a hurtadillas para ver a su padre. Cuando regresó, su esposo había despertado y comenzó a sospechar. Buscó a su alrededor y al descubrir al padre, levantó al resto de la manada. Juntos, lo pisotearon hasta darle muerte.

4 La joven lloró desconsoladamente. Al ver su tristeza, su esposo le recordó que los búfalos habían visto desde hace mucho tiempo cómo los pies negros mataban a sus familias. Pero el búfalo deseaba calmar la tristeza de su esposa, por lo que le prometió que, si podía revivir a su padre, le permitiría regresar con su gente. La joven llamó a la urraca para que le ayudara a buscar un trozo de su padre. Encontró un pequeño hueso, se lo entregó a la joven y esta lo colocó debajo de una frazada. Luego, le cantó una canción sagrada. Después de un tiempo, levantó la frazada y vio que el cuerpo de su padre se había regenerado. Corrió la frazada y su padre se levantó vivo y totalmente recuperado.

5 Su esposo, el búfalo, presenció lo sucedido y cumplió su promesa de liberar a la joven. Pero antes de irse, le propuso un trato. Le prometió que los búfalos continuarían alimentando a su pueblo si ella cantaba para traerlos de regreso a la vida después de haberlos matado. Los pies negros y los búfalos cumplieron sus promesas durante muchas generaciones. Los búfalos dieron su vida para que los pies negros pudieran comer y vivir, y los pies negros bailaban y cantaban para que los búfalos pudieran regresar a la vida.

PRÁCTICA PARA EL EXAMEN GED Encierre en un círculo la letra de la opción que responde correctamente cada pregunta.

1. **¿Cuál es el principal conflicto en la historia?**
   A. La tribu de los pies negros está muriéndo de hambre lentamente.
   B. Una familia queda destrozada cuando una mujer se casa con un búfalo.
   C. Una manada de búfalos muere después de que son obligados a caer por un risco.
   D. Una urraca se aleja volando con los huesos sagrados de un padre.

2. **¿Qué acontecimiento es el clímax de la historia?**
   A. El padre revive.
   B. El padre y su hija se vuelven a encontrar.
   C. La joven hipnotiza al búfalo con su canción.
   D. La urraca le dice a la hija que su padre la está buscando.

3. **¿Qué acontecimiento es parte del desenlace de la historia?**
   A. La manada de búfalos furiosos pisotea al padre.
   B. La urraca le da un pequeño hueso a la joven.
   C. La joven promete que cantará para revivir a los búfalos.
   D. El esposo búfalo no permite que su esposa regrese con su pueblo.

Las respuestas y explicaciones comienzan en la página 77.

© New Readers Press. All rights reserved.

Personaje

© New Readers Press. All rights reserved.

REPASO DE HABILIDADES

En el examen de Razonamiento a través de las Artes del Lenguaje de GED se le puede pedir que describa cómo es un personaje en una historia. Por ejemplo, es posible que se le dé una lista de características de su personalidad y se le pida que elija cuál describe mejor al personaje. En esta lección, aprenderá a identificar las claves sobre el personaje y practicará sacando conclusiones sobre la personalidad y las motivaciones de un personaje.

Claves sobre los personajes

Imagínese que está en una fiesta y que le presentan a una persona que no conoce. ¿Cómo se forma una impresión de esa persona? Probablemente observe su apariencia, cómo se viste, qué dice y cómo lo dice. Tal vez también observe cómo actúa la persona. ¿Sonríe y habla con los demás invitados? ¿O se sienta sola, rara vez habla con alguien, bosteza y se pasa enviando mensajes de texto toda la noche? A partir de los detalles que obtiene durante la fiesta, probablemente saque una conclusión sobre cómo es la persona. De la misma manera, cuando lee un texto de ficción, puede recopilar detalles sobre un personaje para determinar cómo es.

Los autores presentan las características de un personaje de diversas maneras. Quizá sea el **narrador** — la voz que crean para contar la historia— quien exprese directamente cómo es el personaje. También es posible que describan cómo luce un personaje, qué piensa, qué dice y qué hace. Busque estas claves del personaje al leer el siguiente pasaje.

¿Qué dice el narrador?	Ana era una niña soñadora y creativa que no encajaba bien con sus compañeros. No era antipática, pero no tenía amigos.
¿Cómo luce el personaje?	Ana era pequeña. Era más delgada y más baja que el resto de los niños en su clase, y la manera en que se comportaba la hacía parecer incluso más pequeña. Caminaba con actitud tensa, con la cabeza baja y los ojos mirando al piso, como si quisiera ocupar menos espacio.
¿Qué piensa el personaje?	A Ana le encantaba leer sola. Cuando leía, se perdía en la historia. Le gustaban especialmente los cuentos de hadas. Pensaba: "Si alguna vez me encontrara con un dragón, no le tendría miedo. Sería su amiga. Saldría a pasear sobre su lomo y nadie me molestaría".
¿Qué dice el personaje y cómo lo dice?	Una mañana, la maestra de Ana dijo: "Llegó el momento de pensar en el concurso de talentos. Todos tienen algún talento: pueden cantar, bailar, actuar o hacer un show de títeres. Piensen en lo que querrían hacer y escríbanlo". Ana se sintió mal. "Ana, ¿estás bien?", preguntó la maestra. La niña estaba tan asustada que le costaba hablar. "S-, s-, s-, s-, sí, s-, s-, s-, señora R-, R-, R-, Rodríguez", contestó.
¿Qué hace el personaje?	Los demás niños se rieron. Ana bajó la cabeza y contuvo las lágrimas. Luego, sacó una hoja de papel de su mochila y comenzó escribir: "Para el concurso de talentos, traeré a mi mascota, el dragón, para que haga trucos".

En base a las claves que se dan en los pasajes, ¿cómo describiría a Ana? ¿Se dio cuenta de que es creativa y tímida? Otras palabras que podría usar para describirla son *soñadora, tensa* y *solitaria.*

Motivación del personaje

Para comprender mejor a los personajes, también tenga en cuenta sus **motivaciones,** o por qué hacen lo que hacen. La motivación universal y más básica es encontrar la felicidad. Al igual que las personas en la vida real, los personajes generalmente quieren ser felices. También, como les pasa a las personas reales, es posible que lo que hace felices a los personajes y lo que *piensan* que los hará felices no sea realmente eso. Para encontrar las motivaciones de un personaje, hágase algunas de estas preguntas:

- ¿El personaje está actuando motivado por el miedo?
- ¿El personaje está actuando motivado por el amor?
- ¿El personaje está intentando resolver un conflicto?
- ¿El personaje está intentando alcanzar una meta?
- ¿El personaje quiere venganza?
- ¿El personaje está intentando impresionar a alguien?
- ¿El personaje está intentando superarse?

¿Qué cree que motiva a Ana a decir que llevará a su mascota, el dragón, al concurso de talentos para que haga trucos? Entre sus motivaciones, puede estar el miedo y el deseo de impresionar a su maestra y sus compañeros.

 **¡ATENCIÓN!** *Evite la tentación de juzgar las acciones de un personaje en base a lo que usted mismo haría en una determinada situación. En lugar de ello, piense por qué el personaje hace lo que hace, cómo se siente, y qué revelan esas acciones y sentimientos sobre él.*

Repaso final

Antes de continuar, lea el siguiente mapa conceptual donde se repasan las cinco principales claves en las que debe pensar cuando recopila información sobre un personaje.

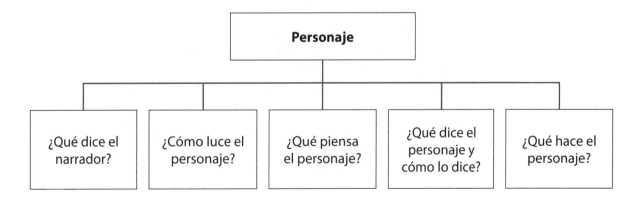

© New Readers Press. All rights reserved.

PRÁCTICA GUIADA

PRÁCTICA Lea el siguiente pasaje en su totalidad. Luego, lea y responda las preguntas en la columna de estrategias.

Fragmento de "El ratón"
por Saki

1. ¿Qué detalles importantes conoce sobre Teodoro? Subráyelos.

2. ¿Qué hace Teodoro para evitar que la mujer lo vea desvestirse? Subraye las oraciones que se lo indican. ¿Qué le sugieren las acciones de Teodoro sobre él? (Marque ✓ una opción).

☐ Está avergonzado.
☐ Detesta compartir un compartimento.

1 Teodoro Voler había sido criado, desde la infancia hasta los confines de la madurez, por una madre afectuosa cuya mayor preocupación era mantenerlo a raya de lo que solía llamar "realidades ordinarias de la vida"...

2 Al echar a andar el tren... su única compañera de compartimento, una dama de aproximadamente su misma edad, parecía más bien inclinada al descanso que al escrutinio... Sin embargo, cuando el tren no había alcanzado aún su velocidad normal, Teodoro se percató de pronto de que no estaba solo con la soñolienta mujer: ¡Ni siquiera estaba solo en la comodidad de sus propios atuendos!

3 Un movimiento tibio de algo que se arrastraba sobre su piel delató la molesta presencia, invisible pero conmovedora, de un ratón que evidentemente había ganado su actual refugio... Nada menos drástico que desvestirse parcialmente ayudaría a deshacerse de su atormentador, y desvestirse en presencia de una dama, aunque fuera por un propósito tan loable, era una idea que le hacía poner las orejas coloradas de vergüenza... Adquiriendo el matiz de una remolacha, y manteniendo una desesperada vigilia a su soñolienta compañera, fijó silenciosamente los extremos de su manta a las rejillas a ambos lados del vagón, para que una sustancial cortina colgara a través del compartimento, dividiéndolo en dos. En el angosto vestidor que había improvisado, procedió apresuramente a liberarse, él parcialmente y el ratón totalmente, de la cubierta de lana tejida.

4 Cuando el desenmarañado animal brincó hacia el piso, la manta, zafándose de sus ataduras, también se precipitó con un pequeño estruendo, y casi simultáneamente la desvelada mujer abrió los ojos. Con un movimiento casi tan rápido como el del ratón, Teodoro se arrojó sobre la manta, y estiró su superficie a la altura del mentón, cubriéndose todo el cuerpo, mientras se desplomaba en la esquina más lejana del vagón... Ella, sin embargo, se contentó con una silenciosa mirada en dirección a su compañero...

5 "Creo que he cogido un resfriado", arriesgó, desesperado.

6 "Es una pena", replicó ella. "Justo iba a pedirle que abriera esta ventana".

7 ... "¿Le teme usted a los ratones?", se aventuró, con el rostro que adquiría, si acaso fuera posible, un semblante de color aún más escarlata.

8 "No. A menos que sean grandes cantidades. ¿Por qué pregunta?"

© New Readers Press. All rights reserved.

9 "Hace un instante había uno que intentaba trepar dentro de mis pantalones", susurró Teodoro, con una voz que no parecía suya. "Fue una situación por demás incómoda"... Teodoro continuó, tragando saliva: "Fue justamente intentando quitármelo de encima que quedé… en este estado…"

10 "No sabía que quitarse un pequeño ratón de encima causara un resfriado", exclamó ella, con una frialdad que Teodoro juzgó abominable...

11 "Creo que nos acercamos a la estación", observó ella.

12 Teodoro ya había notado, con creciente terror, los recurrentes grupejos de casuchas que proclamaban el final del viaje... Teodoro se envolvió con la manta y luchó frenéticamente contra sus arrugados atavíos. Era consciente de las numerosas estaciones suburbanas que pasaban raudamente por la ventanilla, de una sensación de asfixia en su garganta y su corazón, y de un silencio sepulcral en aquel rincón al que no se atrevía a dirigir la mirada. Después, al hundirse nuevamente en su asiento, vestido ya, y a punto de enloquecer, el tren comenzó a detenerse lentamente.

13 "¿Sería usted tan amable", dijo, "de buscar un paje que me ayude a subir a un taxi? Siento mucho molestarlo si no se siente bien, pero las estaciones de trenes son realmente un dolor de cabeza para una mujer ciega como yo".

3. ¿Por qué Teodoro le cuenta a la mujer sobre el ratón?
(Marque ✓ una opción).

☐ para asustarla
☐ para explicarle por qué se desvistió

4. ¿De qué sorprendente detalle de la mujer se entera Teodoro al final de la historia? Subraye el detalle.

PRÁCTICA PARA EL EXAMEN GED **La siguiente tabla enumera tres rasgos de la personalidad de Teodoro Voler. Para cada rasgo, escriba un detalle del pasaje que llevaría al lector concluir que Teodoro Voler tiene en esta característica. Use sus propias palabras.**

Teodoro Voler

1. Discreto, tímido	2. Educado, correcto	3. Nervioso

Las respuestas y explicaciones comienzan en la página 77.

© New Readers Press. All rights reserved.

EJERCICIOS PARA EL EXAMEN GED

PRÁCTICA **Lea el pasaje. Responda las preguntas que siguen a continuación.**

Fragmento de "Tiempos difíciles"
por Charles Dickens

1   Tomás Gradgrind, sí, señor. Un hombre de realidades. Un hombre de hechos y de números. Un hombre que arranca del principio de que dos y dos son cuatro, y nada más que cuatro, y al que no se le puede hablar de que consienta que alguna vez sean algo más... Un señor con la regla, la balanza y la tabla de multiplicar siempre en el bolsillo, dispuesto a pesar y medir en todo momento cualquier partícula de la naturaleza humana para deciros con exactitud a cuánto equivale. Un hombre reducido a números, un caso de pura aritmética...

2   El señor Gradgrind se representaba a sí mismo mentalmente en estos términos, ya fuese en el círculo privado de sus relaciones o ante el público en general. En estos términos, indefectiblemente, sustituyendo la palabra "señor" por las de "muchachos y muchachas", presentó ahora Tomás Gradgrind a Tomás Gradgrind a todos aquellos jarritos que iban a ser llenados hasta más no poder con realidades...

3   "¡Niña número veinte!", voceó el señor Gradgrind, apuntando rígidamente con su rígido índice. "No conozco a esta niña. ¿Quién es esta niña?".

4   "Cecí Jupe, señor", contestó la niña número veinte, poniéndose colorada, levantándose del asiento y haciendo una reverencia.

5   "Cecí no es ningún nombre", exclamó el señor Gradgrind. "No digas a nadie que te llamas Cecí. Di que te llamas Cecilia".

6   "Es papá quien me llama Cecí, señor", contestó la muchacha con voz temblona, repitiendo su reverencia.

7   "No tiene por qué llamarte así", dijo el señor Gradgrind. "Díselo que no debe llamarte así. Veamos... Dame la definición de lo que es un caballo.

8   Cecí Jupe se queda asustadísima ante semejante pregunta.

9   "La niña número veinte no es capaz de dar la definición de lo que es un caballo", exclama el señor Gradgrind para que se enteren todos los pequeños jarritos. "¡La niña número veinte está ayuna de hechos con referencia a uno de los animales más conocidos! Veamos la definición que nos da un muchacho de lo que es el caballo. Tú mismo, Bitzer".

10 El índice rígido, moviéndose de un lado al otro, cayó súbitamente sobre Bitzer, quizá porque estaba sentado dentro del mismo haz de sol que, penetrando por una de las

© New Readers Press. All rights reserved.

ventanas de cristales desnudos de aquella sala fuertemente enjalbegada, iluminaba a Cecí... Pero mientras que la niña tenía los ojos y los cabellos tan negros que resultaban, al reflejar los rayos del sol, de una tonalidad más intensa y de un brillo mayor, el muchacho tenía los ojos y los cabellos tan descoloridos que aquellos mismos rayos de sol parecían despojar a los unos y a los otros del poquísimo color que tenían. Sus ojos no habrían parecido tales ojos a no ser por las cortas pestañas que los dibujaban, formando contraste con las dos manchas de color menos fuerte. Sus cabellos, muy cortos, podrían tomarse como simple prolongación de las amarillentas pecas de su frente y de su rostro. Tenía la piel tan lastimosamente desprovista de su color natural, que daba la impresión de que, si se le diese un corte, sangraría blanco.

11 "Bitzer", preguntó Tomás Gradgrind, "veamos tu definición del caballo".

12 "Cuadrúpedo, herbívoro, cuarenta dientes; a saber: veinticuatro molares, cuatro colmillos, doce incisivos. Muda el pelo durante la primavera; en las regiones pantanosas, muda también los cascos. Tiene los cascos duros, pero es preciso calzarlos con herraduras. Se conoce su edad por ciertas señales en la boca". Esto y mucho más dijo Bitzer.

13 "Niña número veinte", voceó el señor Gradgrind, "ya sabes ahora lo que es un caballo".

PRÁCTICA PARA EL EXAMEN GED Encierre en un círculo la letra de la opción que responde correctamente cada pregunta.

1. **¿Qué puede concluir el lector acerca de Tomás Gradgrind?**
   A. Es inflexible.
   B. Es creativo.
   C. Es un excelente maestro.
   D. Se siente apegado a sus estudiantes.

2. **¿Qué par de palabras resume cómo es Bitzer?**
   A. estúpido y perezoso
   B. gracioso y amable
   C. frío y obediente
   D. rico y apuesto

3. **¿Qué sugiere el diálogo entre Tomás Gradgrind y Cecí sobre su relación?**
   A. Gradgrind cree que Cecí es brillante.
   B. Gradgrind es amigo del padre de Cecí.
   C. Gradgrind se siente intimidado por Cecí.
   D. Gradgrind es impaciente con Cecí.

Las respuestas y explicaciones comienzan en la página 78.

© New Readers Press. All rights reserved

Tema

REPASO DE HABILIDADES

En el examen de Razonamiento a través de las Artes del Lenguaje de GED, se le podrá pedir que identifique el significado general o mensaje central que trasmite una historia. Para identificar el mensaje, debe recopilar los detalles clave y sacar una conclusión sobre su significado. Esta elección explica un proceso que puede seguir para hallar detalles importantes y descifrar cómo se relacionan para trasmitir un mensaje moral.

Temas explícitos e implícitos

El **tema** de una historia es su mensaje principal, la "lección moral" o el conocimiento que trasmite. En algunos cuentos tradicionales, como las fábulas, el tema se expresa directamente. Si alguna vez leyó "La tortuga y la liebre", por ejemplo, sabe que termina en una expresión del tema llamada moraleja.

> A la liebre le gustaba corretear por el pueblo, presumiendo sobre lo rápida que era. Luego de soportar a la liebre alardeando por días y días, la tortuga finalmente dijo: "Quizá creas que eres rápida, pero te apuesto que te gano en una carrera". La liebre se rió y aceptó el desafío. El día de la carrera, todos los animales del vecindario vinieron a ver a la liebre y a la tortuga. Cuando la carrera comenzó, la tortuga empezó a moverse tan rápido como podía, pero era tan lenta que la liebre casi se cayó de la risa. La liebre corrió a toda velocidad, pasó a la tortuga y casi llegó a la meta final. Estaba tan adelantada que decidió tomar una pequeña siesta en la hierba. Era un día cálido y la hierba era tan suave que la liebre rápidamente se durmió. Mientras tanto, la tortuga continuó moviéndose a la misma velocidad. Cuando vio a la liebre acurrucada durmiendo, la tortuga pasó sigilosamente a su lado para no despertarla. Luego, continuó avanzando hasta que cruzó la meta y ganó la carrera. Moraleja: lento, pero seguro, se gana una carrera.

Como las fábulas se trasmiten de generación en generación para dar buenas enseñanzas, tiene sentido que terminen con una declaración de la lección que enseñan. En cambio, otros tipos de historias raramente enuncian directamente el tema. En vez de ello, el tema está implícito o es sugerido a través de los personajes y el argumento.

¡ATENCIÓN! *No confunda el argumento con el tema. El argumento de una historia es lo que sucede o la serie de acontecimientos interrelacionados que describe una historia. El tema es lo que esos acontecimientos significan.*

Cómo identificar los temas

Para identificar el tema de una historia, piense en estos detalles clave:

- quién es el personaje o los personajes principales
- cuál es el conflicto o los conflictos principales
- cómo responden los personajes a sus conflictos
- qué aprenden los personajes o el lector de la respuesta

© New Readers Press. All rights reserved.

Por ejemplo, en la novela *El maravilloso mago de Oz*, tres de los personajes principales —el hombre de hojalata, el espantapájaros y el león cobarde— tienen conflictos similares. Cada uno piensa que le falta algo importante: el hombre de hojalata, un corazón; el espantapájaros, un cerebro, y el león cobarde, valentía. Durante el transcurso de la historia, cada personaje demuestra sin darse cuenta que tiene precisamente lo que cree que le falta. El hombre de hojalata suele ser amable y cariñoso. El espantapájaros a menudo es inteligente. Y el león cobarde muestra valentía cuando supera sus miedos para intentar proteger a sus amigos. Sin embargo, como los personajes no creen que tienen estas cualidades, son incapaces de verlas en ellos mismos.

Los personajes responden a sus conflictos buscando la ayuda del mago de Oz, un mago supuestamente poderoso, que termina siendo un farsante. Le da a cada personaje un talismán de la cualidad que busca cada personaje. Al espantapájaros le da salvado, alfileres y agujas para reemplazar el relleno de su cabeza de paja; al hombre de hojalata, un corazón de seda relleno con aserrín; al león cobarde, una bebida que supuestamente contiene valentía. Como los personajes tienen fe en el poder del mago, creen que los talismanes funcionan. Gracias a la nueva confianza que adquieren, tienen la capacidad de asumir roles que nunca hubieran pensado que podían tomar. Cada personaje termina siendo rey o gobernante.

¿Qué lecciones de vida podrían aprenderse de la respuesta de los personajes a sus conflictos? Un tema posible es la importancia de la autoconfianza. Una vez que los personajes tienen confianza en sí mismos, son capaces de aprovechar las maravillosas cualidades que siempre habían tenido, pero que no habían podido ver. Otro tema posible es el poder de la fe. Los regalos del mago no tienen valor, pero como los personajes creen que son poderosos, realmente se convierten en algo poderoso.

Diferentes lectores podrán identificar diferentes temas en la misma historia, y es posible que una misma historia tenga más de un tema. Por ejemplo, cuando Dorothy se va de Oz y busca el camino de regreso a casa, se sugiere que otro tema en *El maravilloso mago de Oz* es la importancia del hogar y la familia. Además, cuando los personajes principales derrotan a la Bruja Mala del Oeste, se sugiere que la bondad tarde o temprano derrota a la maldad. Observe que cada uno de estos temas se puede fundamentar con detalles específicos en la novela. Cuando identifique un tema, asegúrese de poder respaldar sus ideas con evidencias de la historia.

Repaso final

Ya estudió una forma de identificar el tema de una historia. Antes de continuar, estudie el siguiente mapa conceptual donde se repasan las claves que le pueden ayudar a identificar temas.

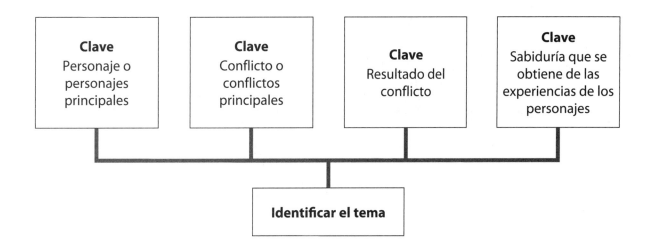

Clave
Personaje o personajes principales

Clave
Conflicto o conflictos principales

Clave
Resultado del conflicto

Clave
Sabiduría que se obtiene de las experiencias de los personajes

Identificar el tema

© New Readers Press. All rights reserved.

PRÁCTICA GUIADA

PRÁCTICA Lea el siguiente pasaje en su totalidad. Luego, lea y responda las preguntas en la columna de estrategias.

Fragmento de "El retrato oval"
por Edgar Allan Poe

1 El castillo en el cual mi criado se le había ocurrido penetrar a la fuerza en vez de permitirme, malhadadamente herido como estaba, de pasar una noche al ras, era uno de esos edificios mezcla de grandeza y de melancolía… Nos instalamos en una de las habitaciones más pequeñas y menos suntuosamente amuebladas… Los muros estaban cubiertos de tapicerías y… un número verdaderamente prodigioso de pinturas modernas, ricas de estilo, encerradas en sendos marcos dorados, de gusto arabesco. Me produjeron profundo interés, y quizá mi incipiente delirio fue la causa, aquellos cuadros colgados no solamente en las paredes principales, sino también en una porción de rincones que la arquitectura caprichosa del castillo hacía inevitable; hice a Pedro… encender un gran candelabro de muchos brazos colocado al lado de mi cabecera… para poder, al menos, si no reconciliaba el sueño, distraerme alternativamente entre la contemplación de estas pinturas y la lectura de un pequeño volumen que había encontrado sobre la almohada, en que se criticaban y analizaban…

2 La posición del candelabro me molestaba, y extendiendo la mano con dificultad para no turbar el sueño de mi criado, lo coloqué de modo que arrojase la luz de lleno sobre el libro…

3 Vi envuelto en viva luz un cuadro que hasta entonces no advirtiera. Era el retrato de una joven ya formada, casi mujer. Lo contemplé rápidamente y cerré los ojos… Al cabo de algunos momentos, miré de nuevo el lienzo fijamente.

4 Abismado en estas reflexiones, permanecí una hora entera con los ojos fijos en el retrato. Aquella inexplicable expresión de realidad y vida que al principio me hiciera estremecer, acabó por subyugarme. Lleno de terror y respeto, volví el candelabro a su primera posición, y habiendo así apartado de mi vista la causa de mi profunda agitación, me apoderé ansiosamente del volumen que contenía la historia y descripción de los cuadros…

1. ¿Qué le resulta tan inusual al narrador acerca del retrato? Subraye la oración que responde la pregunta.

A New Readers Press. All rights reserved

5 "Era una joven de peregrina belleza, tan graciosa como amable, que en mal hora amó al pintor y se desposó con él. Él tenía un carácter apasionado, estudioso y austero, y había puesto en el arte sus amores; ella, joven, de rarísima belleza, toda luz y sonrisas, con la alegría de un cervatillo, amándolo todo, no odiando más que el arte, que era su rival, no temiendo más que la paleta, los pinceles y demás instrumentos importunos que le arrebataban el amor de su adorado. Terrible impresión causó a la dama oír al pintor hablar del deseo de retratarla. Mas era humilde y sumisa, y sentóse pacientemente, durante largas semanas, en la sombría y alta habitación de la torre, donde la luz se filtraba sobre el pálido lienzo solamente por el cielo raso. El artista cifraba su gloria en su obra, que avanzaba de hora en hora, de día en día. Y era un hombre vehemente, extraño, pensativo y que se perdía en mil ensueños; tanto que no veía que la luz que penetraba tan lúgubremente en esta torre aislada secaba la salud y los encantos de su mujer, que se consumía para todos excepto para él. Ella, no obstante, sonreía más y más, porque veía que el pintor, que disfrutaba de gran fama, experimentaba un vivo y ardiente placer en su tarea, y trabajaba noche y día para trasladar al lienzo la imagen de la que tanto amaba, la cual de día en día tornábase más débil y desanimada. Y, en verdad, los que contemplaban el retrato, comentaban en voz baja su semejanza maravillosa, prueba palpable del genio del pintor, y del profundo amor que su modelo le inspiraba. Pero, al fin, cuando el trabajo tocaba a su término, no se permitió a nadie entrar en la torre; porque el pintor había llegado a enloquecer por el ardor con que tomaba su trabajo, y levantaba los ojos rara vez del lienzo, ni aun para mirar el rostro de su esposa. Y no podía ver que los colores que extendía sobre el lienzo borrábanse de las mejillas de la que tenía sentada a su lado. Y cuando muchas semanas hubieron transcurrido, y no restaba por hacer más que una cosa muy pequeña, solo dar un toque sobre la boca y otro sobre los ojos, el alma de la dama palpitó aún, como la llama de una lámpara que está próxima a extinguirse. Y entonces el pintor dio los toques, y durante un instante quedó en éxtasis ante el trabajo que había ejecutado. Pero un minuto después, estremeciéndose, palideció intensamente herido por el terror, y gritó con voz terrible: '¡En verdad, esta es la vida misma!'. Se volvió bruscamente para mirar a su bien amada: ¡Estaba muerta!".

❖ ❖ ❖

PRÁCTICA PARA EL EXAMEN GED Complete las primeras dos casillas con detalles de la historia. (Use sus propias palabras). A continuación, use los detalles para expresar cuál cree que es el tema.

1. Conflicto entre el esposo y la esposa	2. Resultado del conflicto	3. Tema
Detalles:	Detalles:	Detalles:

Las respuestas y explicaciones comienzan en la página 78.

2. Subraye las diferencias entre el pintor y su esposa. ¿Qué conflicto podría surgir de estas diferencias? (Marque ✓ una opción).

☐ La esposa puede sentir que al esposo le importa más la pintura que ella.

☐ El esposo puede sentir que a la esposa le interesa más verse bien en la pintura que lo buena que es en la vida real.

3. ¿Cómo muere la esposa al final de la historia? (Marque ✓ una opción).

☐ La obsesión del esposo por el arte consume su vida.

☐ Cae en un estado de coma y no vuelve a despertarse jamás.

PRÁCTICA **Lea el pasaje. Responda las preguntas que siguen a continuación.**

Fragmento de "La pequeña cerillera"
por Hans Christian Andersen

1. ¡Qué frío hacía! Nevaba y comenzaba a oscurecer; era la última noche del año, la noche de San Silvestre. Bajo aquel frío y en aquella oscuridad, pasaba por la calle una pobre niña, descalza y con la cabeza descubierta...

2. Y así la pobrecilla andaba descalza con los desnudos piececitos completamente amoratados por el frío. En un viejo delantal llevaba un puñado de fósforos, y un paquete en una mano. En todo el santo día nadie le había comprado nada...

3. En un ángulo que formaban dos casas —una más saliente que la otra—, se sentó en el suelo y se acurrucó hecha un ovillo. Encogía los piececitos todo lo posible, pero el frío la iba invadiendo, y, por otra parte, no se atrevía a volver a casa, pues no había vendido ni un fósforo, ni recogido un triste céntimo. Su padre le pegaría, además de que en casa hacía frío también; solo los cobijaba el tejado, y el viento entraba por todas partes, pese a la paja y los trapos con que habían procurado tapar las rendijas.

4. Tenía las manitas casi ateridas de frío. ¡Ay, un fósforo la aliviaría seguramente! ¡Si se atreviese a sacar uno solo del manojo, frotarlo contra la pared y calentarse los dedos! Y sacó uno: "¡ritch!". ¡Cómo chispeó y cómo quemaba! Dio una llama clara, cálida, como una lucecita, cuando la resguardó con la mano; una luz maravillosa. Le pareció a la pequeñuela que estaba sentada junto a una gran estufa de hierro...

5. Encendió otra, que, al arder y proyectar su luz sobre la pared, volvió a esta transparente como si fuese de gasa, y la niña pudo ver el interior de una habitación donde estaba la mesa puesta, cubierta con un blanquísimo mantel y fina porcelana. Un pato asado humeaba deliciosamente, relleno de ciruelas y manzanas...

6. Frotó una nueva cerilla contra la pared; se iluminó el espacio inmediato, y apareció la anciana abuelita, radiante, dulce y cariñosa.

7. —¡Abuelita!, exclamó la pequeña. ¡Llévame, contigo! Sé que te irás también cuando se apague el fósforo, del mismo modo que se fueron la estufa, el asado y el árbol de Navidad. Se apresuró a encender los fósforos que le quedaban, afanosa de no perder a su abuela; y los fósforos brillaron con luz más clara que la del pleno día. Nunca la abuelita había sido tan alta y tan hermosa; tomó a la niña en el brazo y, envueltas las dos en un gran resplandor, henchidas de gozo, emprendieron el vuelo hacia las alturas, sin que la pequeña sintiera ya frío, hambre ni miedo...

© New Readers Press. All rights reserved

8   Pero en el ángulo de la casa, la fría madrugada descubrió a la chiquilla, rojas las mejillas y la boca sonriente… Muerta, muerta de frío en la última noche del Año Viejo. La primera mañana del Nuevo Año iluminó el pequeño cadáver sentado con sus fósforos: un paquetito que parecía consumido casi del todo. "¡Quiso calentarse!", dijo la gente. Pero nadie supo las maravillas que había visto, ni el esplendor con que, en compañía de su anciana abuelita, había subido a la gloria del Año Nuevo.

PRÁCTICA PARA EL EXAMEN GED   Encierre en un círculo la letra de la opción que responde correctamente cada pregunta.

1. ¿Cuál es el conflicto principal de la niña?

   A. No tiene hogar.

   B. No le gusta vender fósforos.

   C. Tiene miedo de ir a su casa y ver a su padre.

   D. No puede vender los fósforos porque están húmedos.

2. ¿Qué le ocurre a la niña al final de la historia?

   A. Se une a su abuela en la muerte.

   B. Su abuela le encuentra y le da la cena.

   C. Su padre la lleva a casa y la calienta junto a la estufa.

   D. Quema los fósforos que le quedan y se va a su casa.

3. ¿Cuál de las siguientes oraciones describe mejor el tema de la historia?

   A. El trabajo puede ser algo gratificante.

   B. Los niños deben obedecer a sus padres.

   C. La noche del Año Viejo es un momento para celebrar.

   D. Las personas deben ayudar a los menos afortunados.

Las respuestas y explicaciones comienzan en la página 78.

© New Readers Press. All rights reserved.

Lenguaje figurado

REPASO DE HABILIDADES

A veces, los autores elaboran descripciones directas y basadas en hechos, como esta: "El auto deportivo plateado se desplazaba a 90 millas por hora por la carretera". Otras veces, escriben descripciones más imaginativas, como esta: "El auto deportivo se disparó por la carretera como una bala de plata". En esta lección, aprenderá sobre los diferentes tipos de descripciones imaginativas y analizará sus efectos. Las habilidades que aprenda le ayudarán a responder las preguntas sobre lenguaje figurado en el examen GED.

Comparaciones imaginarias

El **lenguaje figurado** es aquel que no debe ser interpretado literalmente. Por ejemplo, si alguien dice "El examen fue un oso", la persona no quiere decir que el examen era un gran animal peludo con dientes largos y afilados, sino que el examen era tan fuerte y tan amenazador como una bestia. Al igual que la mayoría del lenguaje figurado, la oración "El examen fue un oso" se basa en una comparación entre cosas diferentes que son similares de alguna forma significativa. Si bien el examen y el oso son cosas diferentes, ambos son fuertes, difíciles de superar y amenazadores. No todo el lenguaje figurado es tan familiar y fácil de descifrar como esta oración. De hecho, es posible que a veces parezca un acertijo. ¿Puede adivinar qué cosas se comparan a continuación?

> La persona era tan delgada como las 12:30.

Las cosas diferentes son la hora del día y la delgadez de la persona. Si recuerda las agujas de un reloj ubicadas en 12:30, el lenguaje figurado comienza a tener sentido. Cuando la aguja corta del reloj apunta hacia arriba y la aguja larga apunta hacia abajo, se forma una línea delgada y recta. Una persona que es muy flaca también puede parecer delgada y recta. Lo que el lenguaje figurado quiere decir es que la persona es muy delgada.

Símiles y metáforas

El lenguaje figurado "tan delgada como 12:30" es un ejemplo de un **símil**, es decir, una comparación imaginaria que incluye la palabra *como* (o a veces en combinación con *tan __ como*). Una **metáfora** es una comparación imaginaria más directa. No contiene la palabra *como*, sino que dice que una cosa *es* otra.

- *Símil:* Sus ronquidos eran <u>como</u> una sierra que cortaba el sueño.
- *Metáfora:* Sus ronquidos eran una sierra que cortaba el sueño.

- *Símil:* Su sonrisa repentina era <u>tan</u> acogedora <u>como</u> un rayo de sol.
- *Metáfora:* Su sonrisa repentina era un rayo de sol.

¡ATENCIÓN! *Una comparación puede contener las palabras "como" o "tan ___ como" y no ser un símil. Por ejemplo, la oración "Miguel es <u>tan</u> alto <u>como</u> mi hermano" es una comparación, pero no es un símil porque compara dos cosas similares, en este caso, dos niños. Un símil compara dos personas, lugares o cosas que son distintas, y lo hace de una manera imaginativa.*

© New Readers Press. All rights reserved

Hipérbole

Otro tipo de lenguaje figurado es la **hipérbole,** o una exageración para causar un efecto. Por ejemplo, cuando las personas dicen: "Tengo tanta hambre que podría comerme un caballo", no quieren decir que se cenarán un poni; están exagerando para llevar la atención sobre el hecho de que tienen mucha hambre. Otros usos comunes de la hipérbole incluyen "Te lo he dicho miles de veces", "Tengo un millón de cosas para hacer" o "Casi me muero de aburrimiento".

Personificación

La **personificación** es un tipo de lenguaje figurado en el que el autor le da cualidades humanas a algo que no es humano. Por ejemplo, un autor podría decir que la llama de una vela "baila en la oscuridad". Si bien las llamas no pueden bailar, el movimiento de una llama titilante puede parecer similar a los movimientos que hace una persona cuando baila. El autor personifica los movimientos de la llama para ayudar a los lectores a imaginar su aspecto.

Simbolismo

El **simbolismo** es un tipo de lenguaje figurado en el que una persona, lugar, cosa o idea se usa para representar otra cosa. Por ejemplo, en muchas culturas, el color blanco representa la pureza y la inocencia. Es por eso que, tradicionalmente, los vestidos de novia son blancos. Puesto que hay muchas personas que conocen el significado simbólico del blanco, un autor puede vestir a un personaje con prendas blancas para indicarles a los lectores que el personaje es puro e inocente. Esto no significa que el blanco sea un símbolo en todas las historias. A veces, es un color y nada más. Para identificar el simbolismo, busque ideas repetidas que formen un patrón. Si bien es posible que el símbolo se haga en una única referencia, se suele desarrollar a lo largo de una historia de maneras diferentes. Por ejemplo, un personaje que es puro e inocente se puede vestir de blanco, llamarse Blanca y comportarse reiteradamente de una manera pura e inocente. *A veces* se usan los siguientes símbolos en las historias:

- Colores: el negro puede representar la muerte; el azul puede representar la tristeza.
- Flores: una rosa puede representar el amor; un lirio puede representar la pureza.
- Estado del tiempo: una tormenta puede representar enojo; un día soleado puede representar felicidad.
- Estaciones: la primavera puede representar el renacimiento; el invierno puede representar la muerte.

Repaso final

Antes de continuar, estudie el siguiente mapa conceptual donde se repasa el proceso que puede usar para entender la mayoría de los tipos de lenguaje figurado.

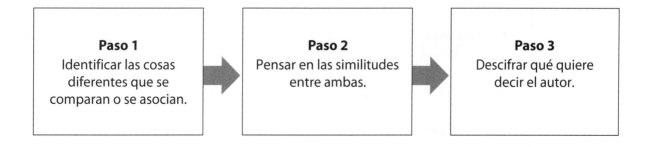

Paso 1
Identificar las cosas diferentes que se comparan o se asocian.

Paso 2
Pensar en las similitudes entre ambas.

Paso 3
Descifrar qué quiere decir el autor.

© New Readers Press. All rights reserved.

PRÁCTICA GUIADA

Lea el siguiente pasaje en su totalidad. Luego, lea y responda las preguntas en la columna de estrategias.

Fragmento de "La presa más peligrosa"
por Richard Connell

1 "Más allá, hacia la izquierda —en algún lugar— hay una gran isla", dijo Whitney. "Es un misterio…"

2 "¿De qué isla hablas?", preguntó Rainsford.

3 "Los viejos mapas la llaman Isla Atrapa-Barcos", replicó Whitney. "Un nombre incitante, ¿no crees? Los marineros le tienen un miedo peculiar a ese lugar. No sé por qué. Alguna superstición…"

4 "No la veo", declaró Rainsford al tiempo que intentaba percibir algo a través de la densa, tangible noche tropical que imponía su espesa y cálida negrura sobre el yate.

5 "Sé que tienes buena vista", dijo Whitney riéndose, "y que puedes ver a cuatrocientas yardas un alce moviéndose en medio de arbustos de su mismo color, pero ni siquiera tú puedes ver lo que hay a unas cuatro millas de aquí en una noche caribeña sin luna".

6 "Ni a cuatro yardas", admitió Rainsford. "¡Uf! Es como terciopelo negro empapado".

1. Subraye el símil.

7 "Habrá luz de sobra en Río", prometió Whitney. "Estaremos allí dentro de unos pocos días. Espero que ya hayan llegado las escopetas para cazar jaguares que compré en Purdey's. Seguro que habrá buena caza en el Amazonas, río arriba. Qué gran deporte, la caza".

8 "El mejor del mundo", convino Rainsford.

9 "Para el cazador", corrigió Whitney. "No para el jaguar".

10 … "¡Venga! Si no tienen entendimiento".

11 "Aún así, creo que sí entienden una cosa —el miedo. El miedo al dolor y el miedo a la muerte".

12 "Tonterías", se rió Rainsford. "El calor te está reblandeciendo, Whitney. Sé realista. En el mundo hay dos grupos —los cazadores y los cazados. Por suerte, tú y yo somos cazadores. ¿Crees que hemos pasado esa isla?".

13 "No lo puedo saber con esta oscuridad. Espero que sí".

14 "¿Por qué?", preguntó Rainsford.

15 "Es un lugar con cierta fama —con mala fama… ¿No te has dado cuenta de que los nervios de la tripulación están algo tensos hoy?".

16 "Estaban un poco raros, ahora que lo mencionas. Incluso el Capitán Nielsen…"

17 "Sí, incluso el viejo, áspero sueco, que en otras circunstancias no dudaría en pedirle fuego al mismo Diablo. Esos ojos azules de pez tenían hoy una mirada que jamás había visto. Lo único que pude sacarle es que, 'este lugar tiene un mal nombre entre los que navegan, señor'. Y entonces me preguntó, muy serio, '¿No siente usted nada?' —como si el aire a nuestro alrededor fuera venenoso. Y no te rías, pero sentí algo así como un repentino escalofrío. No había brisa. El mar estaba liso como el cristal de una ventana. Nos acercábamos entonces a la isla. Lo que sentí fue un… escalofrío mental, una especie de espanto súbito".

18 "Pura imaginación", dijo Rainsford. "Un solo marinero supersticioso puede contagiar su miedo a toda la tripulación".

2. Subraye la hipérbole usada en el párrafo 17. ¿Qué significa para el capitán Nielsen? (Marque ✓ una opción).

☐ Es valiente.
☐ Es tonto.

PRÁCTICA PARA EL EXAMEN GED Escriba cada ejemplo de lenguaje figurado en el cuadro que corresponda. Luego, explique qué significado tiene el lenguaje figurado.

- "… la densa, tangible noche tropical que imponía su espesa y cálida negrura sobre el yate"
- "El mar estaba plano como el cristal de una ventana".
- "Lo que sentí fue un… escalofrío mental".

1. Símil	2. Metáfora	3. Personificación
Significado:	Significado:	Significado:

Las respuestas y explicaciones comienzan en la página 78.

© New Reader Press. All rights reserved.

PRÁCTICA **Lea el pasaje. Responda las preguntas que siguen a continuación.**

"Un detalle"
por Stephen Crane

1   La pequeña anciana, que llevaba un vestido negro y un curioso sombrerito negro, al principio parecía alarmada por el sonido que hacían sus pies sobre el pavimento de piedra. Pero, más tarde se olvidó de él, porque repentinamente llegó a la tempestad del distrito comercial de la 6.ª avenida, donde las oleadas de gente y vehículos producían rugidos como los de las verticales cascadas montañosas.

2   Parecía como una rama atrapada por las garras del impetuoso río, retrocediendo, girando y rodando, reacia a dejarse llevar. Titubeaba, vacilaba y se debatía consigo misma. Frecuentemente, parecía que estaba por dirigirse a las personas; pero de repente perdía claramente su coraje. Mientras tanto, el torrente la empujaba y la mecía de un lado a otro.

3   Finalmente, vio a dos jóvenes mujeres contemplando una vidriera. Estaban muy bien vestidas; llevaban trajes con mangas enormes que las hacían lucir como embarcaciones completamente preparadas con todas las velas dispuestas. Parecía que tenían mucho tiempo; ojeaban sin prisa los productos en la vidriera. Otras personas habían atemorizado a la pequeña anciana puesto que obviamente corrían para cumplir con esos compromisos tremendamente importantes. Se acercó a las muchachas y comenzó a mirar a la misma vidriera. Las miró furtivamente por un momento y finalmente dijo: "Disculpen".

4   Las jóvenes vieron el rostro anciano con esos grandes ojos que las observaban.

5   "Disculpen, ¿podrían decirme dónde puedo conseguir un empleo?".

6   Por un instante, las jóvenes la miraron fijamente. Luego, parecía que iban a intercambiar una sonrisa, pero a último momento, se contuvieron. Los ojos de la pequeña anciana las miraban fijamente. Estaba curiosamente seria y silenciosamente expectante. Hacía pensar que, en su rostro, las arrugas no mostraban ningún rastro de experiencia o conocimiento; simplemente eran pequeños pliegues, suaves e inocentes. Su mirada tenía la credulidad de la ignorancia y la sinceridad de la niñez.

7   "Quiero tener algo para hacer, porque necesito dinero", continuó, ya que, en su asombro, no habían respondido a su primera pregunta. "Por supuesto que no soy muy fuerte y no podría hacer mucho, pero puedo coser muy bien; y en una casa donde haya muchos hombres, podría ocuparme de todos los arreglos. ¿Saben de algún lugar donde me aceptarían?".

8   En ese momento, las jóvenes intercambiaron una sonrisa, pero fue una sonrisa sutil, tierna, casi al borde de la tristeza.

© New Readers Press. All rights reserved

9 "Bueno, no, señora", dijo finalmente una de ellas vacilando; "no creo que conozca a nadie".

10 Una sombra atravesó el rostro de la ancianita, una sombra con un aire de desilusión. "¿No?", contestó, esforzándose para que su voz sonara valiente.

11 Luego, la joven continuó apresuradamente: "Pero si me da su dirección, quizá encuentre alguien, y si lo hago, me aseguraré de avisarle".

12 La ancianita le dictó su dirección, inclinándose para mirar cómo la joven la escribía en una tarjeta con una pluma de plata. Luego, exclamó: "Se lo agradezco mucho". Les hizo una reverencia y continuó caminando por la avenida sonriendo.

13 Las dos jóvenes se acercaron a la esquina y observaron su anciana figura, tan pequeña y frágil, con ese vestido negro y ese curioso sombrero negro. Finalmente, la multitud y los innumerables carros, entremezclándose y moviéndose con el tumulto y el desorden, se la tragaron repentinamente.

❖   ❖   ❖

 PRÁCTICA PARA EL EXAMEN GED Encierre en un círculo la letra de la opción que responde correctamente cada pregunta.

1. **¿Cuál de los siguientes es un símil?**
    A. "[R]epentinamente llegó a la tempestad del distrito comercial de la 6.ª avenida".
    B. "Parecía como una rama... retrocediendo, girando y rodando".
    C. "Mientras tanto, el torrente la empujaba y la mecía de un lado a otro".
    D. "Una sombra atravesó el rostro de la ancianita, una sombra con un aire de desilusión".

2. **¿Cuál es el "detalle" al que se refiere el título del cuento?**
    A. la pluma de plata
    B. el distrito comercial
    C. la anciana vestida de negro
    D. las jóvenes con ropas elegantes

3. **¿Qué simboliza la multitud?**
    A. las numerosas oportunidades laborales en una ciudad
    B. la felicidad de pertenecer a un grupo
    C. la importancia y el valor de las personas
    D. el desorden y la confusión de la vida moderna

Las respuestas y explicaciones comienzan en la página 79.

Fragmento de "Historia de una hora"
por Kate Chopin

1   Sabiendo que la señora Mallard padecía del corazón, se tomaron muchas precauciones antes de darle la noticia de la muerte de su marido.

2   Fue su hermana Josephine quien se lo dijo, con frases entrecortadas e insinuaciones veladas que lo revelaban y ocultaban a medias. El amigo de su marido, Richards, estaba también allí, cerca de ella. Fue él quien se encontraba en la oficina del periódico cuando recibieron la noticia del accidente ferroviario y el nombre de Brently Mallard encabezaba la lista de "muertos". Tan solo se había tomado el tiempo necesario para asegurarse, mediante un segundo telegrama, de que era verdad, y se había precipitado a impedir que cualquier otro amigo, menos prudente y considerado, diera la triste noticia.

3   Ella no escuchó la historia como otras muchas mujeres la han escuchado, con paralizante incapacidad de aceptar su significado. Inmediatamente se echó a llorar con repentino y violento abandono, en brazos de su hermana. Cuando la tormenta de dolor amainó, se retiró a su habitación, sola. No quiso que nadie la siguiera.

4   Frente a la ventana abierta había un amplio y confortable sillón. Agobiada por el desfallecimiento físico que rondaba su cuerpo y parecía alcanzar su espíritu, se hundió en él.

5   En la plaza frente a su casa, podía ver las copas de los árboles temblando por la reciente llegada de la primavera. En el aire se percibía el delicioso aliento de la lluvia. Abajo, en la calle, un buhonero gritaba sus quincallas. Le llegaban débilmente las notas de una canción que alguien cantaba a lo lejos, e innumerables gorriones gorjeaban en los aleros.

6   Retazos de cielo azul asomaban por entre las nubes, que frente a su ventana, en el poniente, se reunían y apilaban unas sobre otras.

New Readers Press. All rights reserved

7 Se sentó con la cabeza hacia atrás, apoyada en el cojín de la silla, casi inmóvil, excepto cuando un sollozo le subía a la garganta y la sacudía, como el niño que ha llorado al irse a dormir y continúa sollozando en sus sueños...

8 Sentía que algo llegaba a ella y lo esperaba con temor. ¿De qué se trataba? No lo sabía, era demasiado sutil y esquivo para nombrarlo. Pero lo sentía surgir furtivamente del cielo y alcanzarla a través de los sonidos, los aromas y el color que impregnaban el aire.

9 Su pecho subía y bajaba agitadamente. Empezaba a reconocer aquello que se aproximaba para poseerla, y luchaba con voluntad para rechazarlo, tan débilmente como si lo hiciera con sus blancas y estilizadas manos.

10 Cuando se abandonó, sus labios entreabiertos susurraron una palabrita. La murmuró una y otra vez: "¡Libre, libre, libre!". La mirada vacía y la expresión de terror que la había precedido desaparecieron de sus ojos, que permanecían agudos y brillantes. El pulso le latía rápido y el fluir de la sangre templaba y relajaba cada centímetro de su cuerpo.

11 No se detuvo a pensar si aquella invasión de alegría era monstruosa o no. Una percepción clara y exaltada le permitía descartar la posibilidad como algo trivial.

12 Sabía que lloraría de nuevo al ver las manos cariñosas y frágiles cruzadas en la postura de la muerte; que el rostro que siempre la había mirado con amor estaría inmóvil, gris y muerto. Pero más allá de aquel momento amargo, vio una larga procesión de años por llegar que serían solo suyos. Y extendió sus brazos abiertos dándoles la bienvenida.

13 No habría nadie para quien vivir durante los años venideros; ella tendría las riendas de su propia vida. Ninguna voluntad poderosa doblegaría la suya con esa ciega insistencia con que los hombres y mujeres creen tener derecho a imponer su íntima voluntad a un semejante. Que la intención fuera amable o cruel, no hacía que el acto pareciera menos delictivo en aquel breve momento de iluminación en que ella lo consideraba.

14 Y a pesar de esto, ella le había amado, a veces; otras no. ¡Pero qué importaba! ¡Qué podría el amor, ese misterio sin resolver, significar frente a esta energía que repentinamente reconocía como el impulso más poderoso de su ser!

15 "¡Libre, libre en cuerpo y alma!", continuó susurrando.

16 Josephine, arrodillada frente a la puerta cerrada, con los labios pegados a la cerradura le imploraba que la dejara pasar. "Louise, abre la puerta, te lo ruego, ábrela, te vas a poner enferma. ¿Qué estás haciendo, Louise? Por lo que más quieras, abre la puerta".

17 "Vete. No voy a ponerme enferma". No; estaba embebida en el mismísimo elixir de la vida que entraba por la ventana abierta.

18 Su imaginación corría desaforada por aquellos días desplegados ante ella: días de primavera, días de verano y toda clase de días, que serían solo suyos. Musitó una rápida oración para que la vida fuese larga. ¡Y pensar que tan solo ayer sentía escalofríos ante la idea de que la vida pudiera durar demasiado!

19 Por fin se levantó y abrió la puerta... Tenía los ojos con brillo febril y se conducía inconscientemente como una diosa de la Victoria. Agarró a su hermana por la cintura y juntas descendieron las escaleras. Richards, erguido, las esperaba al final.

20 Alguien intentaba abrir la puerta con una llave. Fue Brently Mallard quien entró, un poco sucio del viaje, llevando con aplomo su maletín y el paraguas. Había estado lejos del lugar del accidente y ni siquiera sabía que había habido uno. Permaneció de pie, sorprendido por el penetrante grito de Josephine y el rápido movimiento de Richards para que su esposa no lo viera.

21 Pero Richards no llegó a tiempo.

22 Cuando los médicos llegaron dijeron que ella había muerto del corazón —de la alegría que mata.

Encierre en un círculo la letra de la opción que responde correctamente cada pregunta.

1. **¿Qué detalles clave contiene la exposición del argumento?**

   A. La señora Mallard está agobiada por la pena; se encierra en su habitación.
   B. La señora Mallard muere repentinamente a causa de un ataque al corazón.
   C. La señora Mallard está enferma del corazón; se cree que el señor Mallard ha muerto.
   D. El señor Mallard está vivo; regresa a casa sin haberse enterado del accidente.

2. **En el párrafo 5, ¿qué simboliza la estación del año?**

   A. el renacimiento de la vida
   B. el escalofrío de la muerte
   C. la llegada de la vejez
   D. los tormentosos días de la juventud

3. **¿Cuál es el principal conflicto en la historia?**

   A. la lucha de una mujer para vivir una vida plena a pesar de estar enferma del corazón
   B. la lucha de una mujer para superar la tristeza tras la pérdida de su marido
   C. la indecisión de una mujer sobre si debe permanecer con su marido o dejarlo
   D. los sentimientos de una mujer que se debate entre la tristeza por la pérdida de su marido y la alegría por obtener la libertad

4. **¿Qué palabra resume mejor cómo es Josephine?**

   A. celosa
   B. amable
   C. mentirosa
   D. nerviosa

5. **En el párrafo 19, ¿por qué la autora dice que la señora Mallard "se conducía inconscientemente como una diosa de la Victoria"?**

   A. para sugerir cuán religiosa era
   B. para describir lo bonita que se veía
   C. para demostrar cuán poderosa se sentía
   D. para explicar cuán rápido se movía

6. **En el párrafo 20, ¿qué motiva a Richards a ocultar al señor Mallard de la vista de la señora Mallard?**

   A. Richards está enamorado de la señora Mallard y la quiere para él.
   B. Richards no quiere que la señora Mallard sepa que el señor Mallard está herido.
   C. Richards quiere pasar algún tiempo a solas con el señor Mallard para explicarle la situación.
   D. Richards teme que la impresión de ver al señor Mallard vivo matará a la señora Mallard.

7. **¿Cuál es el clímax del argumento de la historia?**

   A. El señor Mallard regresa a casa.
   B. La señora Mallard se encierra en su habitación.
   C. Josephine convence a la señora Mallard para que salga de la habitación.
   D. La señora Mallard llora descontroladamente en brazos de Josephine.

8. **¿Cuál de los siguientes es el tema principal del cuento?**

   A. Amar a otra persona es la forma más sublime de entregarse a los demás.
   B. La mayor felicidad proviene de la libertad de vivir la vida como uno elige.
   C. Es importante tener la información completa antes de difundir rumores.
   D. Las personas en el pasado morían jóvenes porque no había suficiente atención médica.

Las respuestas y explicaciones comienzan en la página 79.

RESPUESTAS Y EXPLICACIONES

Inferencias y conclusiones: PRÁCTICA GUIADA
páginas 8-9

PRÁCTICA

1. ☑ Algunos animales son especiales: <u>Pero, de vez en cuando, aparece un animal que es más fuerte o más astuto que el resto, que se transforma en un gran líder, que es, como diríamos, un genio.</u>

2. <u>Silverspot era simplemente un cuervo viejo y astuto</u>... <u>Me di cuenta del hecho de que los cuervos son una raza de aves con un lenguaje y un sistema social que resultan maravillosamente humanos.</u>

3. ☑ Confían en él:.. <u>el viejo cuervo, encabezando su larga y desordenada tropa, descendió en dirección a su hogar... sus seguidores hicieron lo mismo...</u>

4. ☑ cuidadoso y cauteloso: <u>al tercer día, llevé un arma y de repente gritó: "¡Peligro! ¡Un arma!"... apareció un hombre con un arma y el grito "¡Peligro! ¡Un arma! ¡Huyan por sus vidas!" en seguida los hizo desparramarse ampliamente.</u>

PRÁCTICA PARA EL EXAMEN GED

(Los detalles pueden aparecer en cualquier orden).

1. inteligente
2. fascinante
3. extraordinario
4. **Ejemplo de respuesta:** La opinión general del autor sobre Silverspot es que es un genio del mundo animal que conduce muy bien a sus seguidores, advirtiéndoles sobre los posibles peligros.

EJERCICIOS PARA EL EXAMEN GED
páginas 10-11

PRÁCTICA PARA EL EXAMEN GED

1. **La opción (C) es correcta.** La autora menciona al principio del fragmento que ella era una de los siete niños de la familia durante el viaje.

2. **La opción (B) es correcta.** La autora manifiesta que su madre "luchó valientemente [por su vida] contra el destino por el bien de sus hijos". Esta lucha se produce luego de la muerte del padre, por lo que se puede inferir que la madre teme que sus hijos queden huérfanos.

3. **La opción (D) es correcta.** La autora dice que las mujeres de la caravana son "bondadosas" y describe la ternura con la que cuidan de su madre. La autora también menciona que las mujeres cuidan de su pequeña hermana. En base a estos detalles, se puede inferir que la gente entablaba relaciones más profundas al enfrentar juntas las dificultades.

Ideas principales y detalles de apoyo: PRÁCTICA GUIADA
páginas 14-15

PRÁCTICA

1. <u>Las relaciones simbióticas se pueden dividir en tres categorías: mutualismo, comensalismo y parasitismo.</u>

2. <u>En las relaciones mutualistas, cada especie proporciona un beneficio a la otra que contribuye a las probabilidades de supervivencia de ambas.</u>

3. <u>El ganado y la garza ganadera, que es un tipo de ave, tienen esta clase de relación.</u> (Si subrayó otras oraciones acerca de este ejemplo, también está bien).

4. <u>*El parasitismo* es una relación simbiótica en la que una de las especies se beneficia y la otra es perjudicada. La relación entre la garrapata y el rinoceronte es un ejemplo.</u> (Si subrayó otras oraciones acerca de este ejemplo, también está bien. También podría subrayar esta: <u>Si alguna vez fue picado por una garrapata o un mosquito, sabe de primera mano de qué se trata</u>).

PRÁCTICA PARA EL EXAMEN GED

1. Mutualismo: Los tentáculos de la anémona protegen al pez payaso; el pez payaso ahuyenta al pez mariposa, que se alimenta de las anémonas.

2. Comensalismo: El ganado remueve a los insectos; la garza ganadera se come a los insectos sin molestar al ganado.

3. Parasitismo: Los mosquitos pican a la gente y le succionan la sangre, dejando picaduras molestas.

EJERCICIOS PARA EL EXAMEN GED
páginas 16-17

PRÁCTICA PARA EL EXAMEN GED

1. **La opción (D) es correcta.** El autor finaliza el párrafo inicial con la idea principal de que "la descrtificación ha devastado la vida de muchas personas y en parte son ellas mismas las culpables". Esta idea principal está respaldada a lo largo de todo el pasaje y se refuerza con la cita en la conclusión.

2. **La opción (C) es correcta.** Ambos párrafos describen cómo las acciones de los agricultores empeoraron la situación.

3. **La opción (B) es correcta.** En el párrafo 4, el autor manifiesta que "la desertificación continúa amenazando otros lugares en el mundo" y luego desarrolla esta idea con el ejemplo de desertificación en África.

RESPUESTAS Y EXPLICACIONES

Secuencia de acontecimientos: PRÁCTICA GUIADA
páginas 20–21

PRÁCTICA

1. Las cuatro etapas del sueño: En base a la velocidad de las ondas cerebrales, los científicos dividieron el sueño en cuatro etapas principales.

2. Nuestro cerebro se enlentece y comienza a producir las llamadas ondas theta. ... Durante esta etapa, los músculos se relajan y se produce un estado llamado parálisis flácida. (Su respuesta podrá incluir también otros detalles).

3. A continuación

4. Etapa 3

5. Mientras tanto

PRÁCTICA PARA EL EXAMEN GED

1. Se genera la parálisis flácida.

2. El cerebro produce ondas theta y luego ondas delta.

3. Al menos 20 por ciento de las ondas cerebrales son ondas delta.

4. Se producen sueños vividos.

EJERCICIOS PARA EL EXAMEN GED
páginas 22–23

PRÁCTICA PARA EL EXAMEN GED

1. **La opción (A) es correcta.** El pasaje dice que el presidente Jefferson organizó el cuerpo del descubrimiento para explorar las tierras que Estados Unidos había adquirido en la compra de Luisiana y que Lewis y Clark lideraron la expedición.

2. **La opción (D) es correcta.** Lewis y Clark comenzaron su travesía desde St. Louis viajando río arriba por el río Missouri.

3. **La opción (B) es correcta.** Los acontecimientos descritos en las opciones (A) y (D) nunca ocurrieron, y el acontecimiento descrito en la opción (C) se produjo al día siguiente, el 16 de septiembre.

Comparaciones: PRÁCTICA GUIADA
páginas 26–27

PRÁCTICA

1. Washington había nacido en 1856, nueve años antes de que se aprobara la 13.ª enmienda, y pasó los primeros años de su infancia como esclavo.

2. Washington creía que la mejor manera para que a los afroamericanos les fuera bien era ser independientes económicamente. Les sugería que trabajaran duro como agricultores, comerciantes y empleados en la industria.

3. Washington también recomendó a los negros que no lucharan abiertamente contra la discriminación y que aceptaran ser ciudadanos de segunda clase, al menos temporalmente.

4. A diferencia de Washington, Du Bois nunca había conocido la esclavitud. Había nacido tres años después de la aprobación de la 13.ª enmienda y no pasó sus primeros años en la esclavitud, sino en la escuela.

5. Si no se presionaba agresivamente a favor de los derechos civiles, Du Bois creía que nada ocurriría. Esta filosofía se contraponía directamente con la de otros líderes negros que abogaban por la adaptación, como Booker T. Washington. Du Bois tampoco estaba de acuerdo con el enfoque de Washington con respecto a la educación. Si bien ambos creían profundamente en la importancia de la educación, Du Bois sostenía que los negros debían recibir una educación en las artes liberales clásicas, el tipo de educación que él mismo había recibido, en vez de una educación que se enfocara en las habilidades prácticas.

PRÁCTICA PARA EL EXAMEN GED

Se podrían incluir las siguientes similitudes:

Ambos

- vivieron durante la misma época
- eran afroamericanos
- eran hombres
- eran maestros
- creían en la importancia de la educación

Se podrían incluir las siguientes diferencias:

Washington

- nació siendo esclavo
- creía que los negros debían enfocarse en alcanzar la independencia económica
- pensaba que los negros debían aprender habilidades prácticas
- aceptaba que los negros fueran ciudadanos de segunda clase
- aceptaba la separación racial
- abogaba por la adaptación

Du Bois

- nació siendo un hombre libre
- recibió educación en prestigiosas escuelas
- luchó agresivamente por la igualdad para los negros
- no aceptaba la segregación racial
- quería que los negros recibieran una educación en las artes liberales clásicas

RESPUESTAS Y EXPLICACIONES

EJERCICIOS PARA EL EXAMEN GED
páginas 28–29

PRÁCTICA PARA EL EXAMEN GED

1. **La opción (C) es correcta.** Las oraciones en las opciones (A) y (D) corresponden a Hoover, pero no a Roosevelt. La oración en la opción (B) corresponde a Roosevelt, pero no a Hoover.

2. **La opción (A) es correcta.** La opción (B) es falsa. Las opiniones atribuidas a Roosevelt en las opciones (C) y (D) corresponden en realidad a Hoover.

3. **La opción (B) es correcta.** Las opciones (A), (C) y (D) solo expresan detalles.

Relaciones causa-efecto: PRÁCTICA GUIADA
páginas 32–33

PRÁCTICA

1. ☑ Efectos. Las temperaturas más elevadas podrían ocasionar una serie de efectos de amplio alcance.

2. nivel del mar en aumento

3. en consecuencia

4. ☑ Causa. porque

PRÁCTICA PARA EL EXAMEN GED

Cualquiera de los siguientes tres efectos:
- derretimiento de los casquetes polares
- nivel del mar en aumento
- inundación de las ciudades costeras
- cosechas más reducidas
- inclemencias climáticas más frecuentes

EJERCICIOS PARA EL EXAMEN GED
páginas 34–35

PRÁCTICA PARA EL EXAMEN GED

1. **La opción (B) es correcta.** El pasaje dice que la "niebla contribuye a crear las condiciones que posibilitan que estos árboles gigantes sobrevivan y crezcan muy altos y por mucho tiempo".

2. **La opción (A) es correcta.** Esta especie de planta crece sobre otras, en lugar de arraigarse en la superficie. La opción (A) explica como las epífitas obtienen un suelo sobre el que pueden crecer.

3. **La opción (D) es correcta.** El pasaje dice que algunos bosques están volviendo a crecer luego de la pérdida de muchas de las antiguas secuoyas, pero los árboles jóvenes no son lo suficientemente grandes o antiguos para crear el entorno especial que se halla entre los árboles más viejos. En consecuencia, el suelo está más seco y los arroyos tienen menos agua.

Lenguaje: significado y tono PRÁCTICA GUIADA
páginas 38–39

PRÁCTICA

1. temporarias; Todas estas aspiraciones se fueron desvaneciendo una por una

2. gran, majestuoso, grandioso, centelleando;
   ☑ positiva

PRÁCTICA PARA EL EXAMEN GED

Las **palabras y frases** podrían incluir cualquiera de las siguientes: portento, hermoso espectáculo, apuntado, adornado, bonito, ornamentadas, fantasía, vistosas, ornamentales, airosa, crepitantes, efecto grandioso, envidiado, pintoresca.

Descripción del tono: lleno de admiración, positivo, ferviente (se aceptan otras respuestas).

EJERCICIOS PARA EL EXAMEN GED
páginas 40–41

PRÁCTICA PARA EL EXAMEN GED

1. **La opción (D) es correcta.** La descripción de todas las partes de la ciudad y sus "grandes tiendas" y "palacios de los pudientes" sugieren que *imperial* significa "magnífica" en este contexto.

2. **La opción (C) es correcta.** Las palabras *amable* y *cortés* sugieren que las personas son consideradas.

3. **La opción (D) es correcta.** La narración del autor suena desalentadora en descripciones como esta: "San Francisco ya no existe. No queda nada de ella más allá de recuerdos..." (párrafo 1). "No hubo nada que detuviera las llamas". "Todas las astutas instalaciones de una ciudad del siglo XX han sido destruidas por el terremoto" (párrafo 3). "A lo largo de la noche, decenas de miles de personas que habían perdido sus casas huían de las llamas" (párrafo 5).

REPASO ACUMULATIVO
PRÁCTICA PARA EL EXAMEN GED
página 44

1. **La opción (C) es correcta.** Las opciones (A) y (D) solo expresan detalles. La opción (B) expresa información incorrecta.

2. **La opción (A) es correcta.** Las opciones (B) y (D) expresan información incorrecta. La cuarentena no era eficaz; sin embargo, el gobierno no estaba cometiendo ninguna negligencia. Se sabía muy poco sobre la enfermedad en esa época. La opción (C) es incorrecta porque no se hizo dicha comparación.

RESPUESTAS Y EXPLICACIONES

3. **La opción (D) es correcta.** Dado que el desierto de Gobi se describe como un "nexo del comercio mundial", se puede inferir que los viajeros que atravesaban el área ayudaron a esparcir los gérmenes más allá de sus límites.

4. **La opción (B) es correcta.** El pasaje dice: "Cuando las pulgas pican y succionan la sangre de una rata, ardilla u otro animal infectado, ingieren la bacteria conjuntamente con la sangre. Las pulgas infectadas trasmiten luego la bacteria a cualquier animal o ser humano que piquen".

5. **La opción (A) es correcta.** El pasaje dice que, tras el brote inicial en el desierto de Gobi, "la peste se propagó a India, Siria y Mesopotamia".

6. **La opción (D) es correcta.** Las claves del contexto ("pican y succionan la sangre") sugieren que las pulgas deben tragarse la sangre para quedar infectadas.

7. **La opción (C) es correcta.** El pasaje es una descripción objetiva e informativa de la peste del siglo XIV. Por lo tanto, el tono es serio.

8. **La opción (B) es correcta.** Las otras opciones contienen afirmaciones que no están respaldadas por la información del pasaje.

Argumento: PRÁCTICA GUIADA
páginas 48–49

PRÁCTICA

1. De hecho, los niños estaban tan absortos en él que no hacían las tareas ni ayudaban a sus familias a cultivar maíz para tener alimento. Sus madres los regañaban, pero los niños no prestaban atención.

2. Juntaron piedras de *gatayu'sti*, las pusieron con el maíz en la olla de la cena y se las sirvieron a los niños con el maíz. Cuando los niños se quejaron, las madres respondieron: "Como les gusta tanto su juego de *gatayu'sti* y se olvidan de sus familias, ahora no solo lo pueden jugar, sino que también se lo pueden comer".

3. ☑ clímax. En este párrafo de la historia, el conflicto alcanza su punto más alto.

4. Lentamente, los niños ascendieron más y más alto hasta que alcanzaron el cielo. Allí, se convirtieron en un grupo de estrellas que los cherokee llaman *Ani'tsutsa.*

5. Pero muy pronto, desde el lugar donde había desaparecido, comenzó a crecer una planta verde que fue creciendo cada vez más hasta convertirse en un pino. Y los vastos bosques de pinos de las montañas crecieron a partir de ese primer árbol.

PRÁCTICA PARA EL EXAMEN GED

1. **exposición:** Los niños juegan tanto tiempo al juego de *gatayu'sti* que se olvidan de hacer sus tareas.

2. **acción emergente:** Las madres ponen piedras de *gatayu'sti* en la comida de los niños.

3. **clímax:** Los niños bailan tan frenéticamente que comienzan a elevarse hacia el cielo.

4. **desenlace:** Los niños se convierten en una constelación de estrellas.

5. **resolución:** Un bosque de pinos crece a partir del lugar donde cayó el último niño.

EJERCICIOS PARA EL EXAMEN GED
páginas 50–51

PRÁCTICA PARA EL EXAMEN GED

1. **La opción (B) es correcta.** Si bien el primer conflicto presentado en la historia es la necesidad de alimento de la tribu de pies negros, el conflicto que impulsa la trama es la lucha del padre y la hija para liberarse del búfalo y volver a reunirse como una familia humana.

2. **La opción (A) es correcta.** Cuando el padre regresa a la vida, se produce un punto decisivo en la historia que cambia el curso de los acontecimientos.

3. **La opción (C) es correcta.** La promesa de la joven de que cantará para traer a los búfalos de regreso a la vida ayuda a resolver el conflicto.

Personaje: PRÁCTICA GUIADA
páginas 54–55

PRÁCTICA

1. Teodoro Voler había sido <u>criado</u>, desde la infancia hasta los confines de la <u>madurez</u>, <u>por una madre afectuosa</u> cuya mayor preocupación era <u>mantenerlo a raya</u> de lo que solía llamar <u>realidades ordinarias de la vida</u>...

2. <u>fijó silenciosamente los extremos de su manta de viaje a las rejillas a ambos lados del vagón, para que una sustancial cortina colgara a través del compartimento, dividiéndolo en dos.</u>
   ☑ Está avergonzado.

3. ☑ para explicarle por qué se desvistió

4. las estaciones de trenes son realmente un dolor de cabeza para <u>una mujer ciega como yo</u>

PRÁCTICA PARA EL EXAMEN GED

Ejemplos de respuestas:

1. Discreto, tímido: la idea de desvestirse frente a una mujer lo avergüenza.

2. Educado, correcto: se disculpa por su apariencia explicando que tiene un resfriado.

3. Nervioso: se sonroja y está aterrorizado cuando se acercan a la estación.

EJERCICIOS PARA EL EXAMEN GED
páginas 56–57

PRÁCTICA PARA EL EXAMEN GED

1. La opción (A) es correcta. El pasaje dice que Tomás Gradgrind es un "hombre de hechos y de números. Un hombre que arranca del principio de que dos y dos son cuatro, y nada más que cuatro". El pasaje también afirma que Gradgrind "tiene la regla, la balanza y la tabla de multiplicar siempre en el bolsillo, dispuesto a pesar y medir en todo momento cualquier partícula de la naturaleza humana para deciros con exactitud a cuánto equivale". Estas afirmaciones sugieren que Gradgrind es inflexible.

2. La opción (C) es correcta. El pasaje dice que los ojos de Bitzer "no habrían parecido tales ojos a no ser por las cortas pestañas que los dibujaban, formando contraste con las dos manchas de color menos fuerte". Además, Bitzer hace rápidamente lo que le piden.

3. La opción (D) es correcta. Antes de que Cecí pudiera ordenar sus pensamientos y responder, Gradgrind dice: "La niña número veinte no es capaz de dar la definición de lo que es un caballo" y "¡La niña número veinte está ayuna de hechos con referencia a uno de los animales más conocidos!". Estas oraciones sugieren que se está impacientando con Cecí.

Tema: PRÁCTICA GUIADA
páginas 60–61

PRÁCTICA

1. Aquella inexplicable expresión de realidad y vida que al principio me hiciera estremecer, acabó por subyugarme.

2. Él tenía un carácter apasionado, estudioso y austero, y había puesto en el arte sus amores; ella, joven, de rarísima belleza, toda luz y sonrisas, con la alegría de un cervatillo, amándolo todo, no odiando más que el arte, que era su rival, no temiendo más que la paleta, los pinceles y demás instrumentos importunos que le arrebataban el amor de su adorado.

☑ La esposa puede sentir como si al esposo le importara más la pintura que ella.

3. ☑ La obsesión del esposo con el arte le consume la vida.

PRÁCTICA PARA EL EXAMEN GED

Ejemplos de respuestas:

1. Ella quiere vivir la vida, pero él ama el arte y solo quiere pintar la vida.

2. Ella debe sentarse mientras él la pinta, y el color y la energía que le dedica al arte van a cuenta de su propia vitalidad.

3. La creación artística no debería surgir a expensas de la vida.

EJERCICIOS PARA EL EXAMEN GED
páginas 62–63

PRÁCTICA PARA EL EXAMEN GED

1. La opción (C) es correcta. La niña tiene frío y debe regresar a casa, pero tiene miedo de que su padre le pegue por no vender fósforos ni hacer dinero.

2. La opción (A) es correcta. El pasaje dice que "en el ángulo de la casa, la fría madrugada descubrió a la chiquilla,... muerta de frío en la última noche del Año Viejo", pero también que "nadie supo... el esplendor con que, en compañía de su anciana abuelita, había subido a la gloria del Año Nuevo".

3. La opción (D) es correcta. Nadie se da cuenta de dónde está la niña hasta que muere. Puesto que la historia ocurre al inicio de un nuevo año, un momento que muchas personas consideran como un nuevo comienzo, el aprendizaje de que la muerte de la niña se podría haber evitado es particularmente conmovedor.

Lenguaje figurado: PRÁCTICA GUIADA
páginas 66–67

PRÁCTICA

1. es como terciopelo negro empapado

2. no dudaría en pedirle fuego al mismo Diablo
☑ Es valiente.

PRÁCTICA PARA EL EXAMEN GED

1. Símil: "El mar estaba plano como el cristal de una ventana". El mar estaba tranquilo; no había olas.

2. Metáfora: "Lo que sentí fue un... escalofrío mental". Un escalofrío es una sensación física vívida que le ayuda al lector a imaginar el miedo y el terror que siente Whitney.

RESPUESTAS Y EXPLICACIONES

3. **Personificación:** "... la densa, tangible noche tropical que imponía su espesa y cálida negrura sobre el yate". La humedad y la noche son tan intensas que parece que estuvieran hundiéndose como un ser vivo.

EJERCICIOS PARA EL EXAMEN GED
páginas 68–69

PRÁCTICA PARA EL EXAMEN GED

1. **La opción (B) es correcta.** La palabra *como* indica que el lenguaje figurado es un símil. Las otras opciones son metáforas.
2. **La opción (C) es correcta.** La anciana vestida de negro es el personaje principal del cuento y, para la ciudad grande e impersonal, apenas es un detalle insignificante.
3. **La opción (D) es correcta.** La multitud confunde y desorienta a la anciana, y luego se la traga, haciéndola desaparecer por completo.

REPASO ACUMULATIVO
PRÁCTICA PARA EL EXAMEN GED
página 73

1. **La opción (C) es correcta.** La exposición son los antecedentes que se brindan al principio de un cuento. La primera oración dice que "la señora Mallard padecía del corazón" y que "se tomaron muchas precauciones antes de darle la noticia de la muerte de su marido".
2. **La opción (A) es correcta.** Tradicionalmente, la primavera se considera una época de renacimiento y el cuento dice que "las copas de los árboles... estaban temblando por la reciente llegada de la primavera".
3. **La opción (D) es correcta.** Cuando la señora Mallard está sola, primero solloza por la muerte de su marido. Luego, sus sentimientos comienzan a cambiar: "Sentía que algo llegaba a

ella y lo esperaba con temor. ¿De qué se trataba? No lo sabía, era demasiado sutil y esquivo para nombrarlo... Cuando se abandonó, sus labios entreabiertos susurraron una palabrita. La murmuró una y otra vez: '¡Libre, libre, libre!'". Su lucha por entender y aceptar sus sentimientos en conflicto es el aspecto central del cuento.

4. **La opción (B) es correcta.** Josephine es una persona muy amable durante todo el desarrollo del cuento. Le da la noticia de la muerte del señor Mallard con mucha precaución. Cuando su hermana se encierra en su habitación, Josephine va a preguntarle cómo está y le demuestra su apoyo cuando baja por la escalera con ella al final del cuento.
5. **La opción (C) es correcta.** En este momento del cuento, la señora Mallard se da cuenta de que está feliz de liberarse de su marido y espera con ansias su futuro. Ya no está más bajo el control de su marido y recuperar su libertad la hace sentir poderosa.
6. **La opción (D) es correcta.** Las opciones (A) y (B) son incorrectas. No hay ninguna indicación de que Richards esté enamorado de la señora Mallard y el señor Mallard no está herido. La opción (C) es incorrecta porque si oculta al señor Mallard, Richards no tendrá la posibilidad de pasar tiempo a solas con él; Josephine y la señora Mallard ya se encuentran en la misma habitación.
7. **La opción (A) es correcta.** El clímax de un cuento es el momento de mayor tensión, cuando un evento decisivo cambia el curso de los acontecimientos. El regreso del señor Mallard le cambia todo a la señora Mallard.
8. **La opción (B) es correcta.** El siguiente pasaje sugiere este tema: "¡Qué podría el amor, ese misterio sin resolver, significar frente a esta energía que repentinamente reconocía como el impulso más poderoso de su ser! ¡Libre, libre en cuerpo y alma!', continuó susurrando".